WESTEND

Wer stört, muss weg!

Die Entfernung kritischer Professoren aus Universitäten

Heike Egner
Anke Uhlenwinkel

WESTEND

Mehr über unsere Autoren und Bücher:
www.westendverlag.de

Die Deutsche Nationalbibliothek verzeichnet diese Publikation in der Deutschen Nationalbibliografie; detaillierte bibliografische Daten sind im Internet über http://dnb.d-nb.de abrufbar.

MIX
Papier | Fördert gute Waldnutzung
FSC® C014889

ISBN: 978-3-86489-475-6
2. Auflage 2025

Umschlaggestaltung: Buchgut, Berlin
Satz: Publikations Atelier, Weiterstadt
Druck und Bindung: Friedrich Pustet GmbH & Co. KG, Regensburg
Printed in Germany

Inhalt

Vorwort

Seit dem Mittelalter wirkt die Universität als eine der wichtigsten kulturprägenden Institutionen des Abendlandes. Auch beim Übergang zur Neuzeit spielte sie eine zentrale Rolle. So forderte Philipp Melanchthon mit dem Ruf »*Sapere audete* – habet den Mut zum Wissen!« eine Reform der Universität unter Zurückdrängung des Einflusses der Zünfte und der katholischen Kirche. Den Höhepunkt ihrer Leistungsfähigkeit und Wirkkraft erreichte die Institution während der Aufklärungsepoche in dem in Preußen entwickelten, aber weit über Deutschland und sogar über Europa hinaus ausstrahlenden Modell einer staatlich organisierten, auf der autonomen Selbstverwaltung der Wissenschaftler beruhenden Körperschaft. Nach der von Wilhelm von Humboldt entwickelten und in Berlin erstmals ins Werk gesetzten Idee sollte die Universität ihren Mitgliedern eine mit der Lehre untrennbar verbundene »Forschung in Einsamkeit und Freiheit« ermöglichen. Damit war keineswegs gemeint, dass die Gelehrten sich von den praktischen Fragen des Lebens abwenden sollten, um sich in den berüchtigten Elfenbeinturm zurückzuziehen. Sie sollten vielmehr im Rahmen bestimmter organisatorischer Schutzvorkehrungen und mit einer hinreichenden finanziellen Ausstattung die Möglichkeit erhalten, die wissenschaftlichen Fragen, mit denen sie sich beschäftigen wollten, selbstbestimmt in Muße und in Distanz von gesellschaftlichen Forderungen angehen zu können. Die Instrumentalisierung ihrer Forschungstätigkeit für vordergründige Nutzzwecke oder für bestimmte Glaubenssysteme, im damaligen Preußen vor allem aufgrund utilitaristisch verflachter Bildungskonzepte der Aufklärung und des aufkommenden Pietismus, sollte damit ein für alle Mal und nachhaltig ausgeschlossen werden. Tatsächlich führte die humboldtsche Reform die deutschen Universitäten und die an ihnen betriebene Forschung und Lehre zu einer bis dahin unbekannten Blüte.

Heute stehen wir jedoch offenbar wieder vor denselben Herausforderungen wie einst Melanchthon und Humboldt. Die Schlagwörter mögen anders klingen, aber gemeint ist im Kern dasselbe: Bedroht wird die Wissenschaftsfreiheit aktuell zum einen durch eine als *Managerialism* bezeichnete Tendenz, die Hochschulen immer unvermittelter in den Dienst der Wirtschaft zu stellen, sie wie Unternehmen zu organisieren und zur Finanzierung ihrer Forschung vermehrt auf die Einwerbung sogenannter Drittmittel zu verweisen. Zum anderen geraten die Wissenschaftler zusehends unter den Druck einer alle Bereiche erfassenden Ideologisierung, welche die denkbaren Forschungsthemen, -methoden und -ergebnisse im Sinne »politischer Korrektheit« einzuschränken trachtet und inzwischen in einer regelrechten *Cancel Culture,* einer »Kultur« des Zensierens und Löschens, gipfelt. Der lebendige Geist der Wissenschaft wird durch diese Entwicklungen erstickt.

Unter den organisatorischen Schutzvorkehrungen zur Verteidigung echter Wissenschaftsfreiheit konnte bisher die an den deutschen Universitäten übliche Verbeamtung der Hochschullehrer als die vielleicht letzte Bastion gelten. Diese Vorkehrung dient nicht dazu, den Wissenschaftler zum Teil der hoheitlichen Staatsverwaltung zu machen. Vielmehr hat sie den Sinn, dem einzelnen Forscher durch die Garantie einer Beschäftigung auf Lebenszeit und eines festen Gehalts die innere Freiheit zu schenken, die für die allein der Wissenschaft verpflichtete Institution Universität im humboldtschen Sinn nun einmal unverzichtbar ist. Die Autorinnen Heike Egner und Anke Uhlenwinkel mussten aber – veranlasst durch eigene Betroffenheit – aufgrund einer empirischen Erhebung feststellen, dass in Deutschland, Österreich und der Schweiz die Zahl der Professorinnen und Professoren, die vorzeitig aus dem Hochschuldienst entfernt werden, in den letzten Jahren signifikant angestiegen ist. Erleichtert wurde diese Entwicklung sicher dadurch, dass Hochschullehrerstellen inzwischen im Zeichen des *Managerialism* vermehrt nur noch als befristete oder zumindest kündbare Stellen im Angestelltenverhältnis ausgewiesen werden, während der tatsächlich beobachtete Anstieg der Zahl der Entlassungen in vielen Fällen ideologische Hintergründe haben dürfte.

Die Verfasserinnen der vorliegenden Studie haben es sich zur Aufgabe gemacht, durch empirische Erhebungen Licht in diesen von der Wissenschaft bisher weitgehend ignorierten Bereich zu bringen. Sie sind unter anderem den Fragen nachgegangen, welche Personengruppen in erster Linie von den Entlassungen betroffen waren, welche Vorwürfe ihnen gemacht wurden, welcher Verfahrensablauf jeweils zu verzeichnen war und welche Rolle die Medien spielten. Der dabei zutage geförderte Befund muss beunruhigen, denn die erhobenen Fakten legen den Schluss nahe, dass nicht nur die Zahl der gegen ihren Willen vorzeitig aus dem Hochschuldienst entfernten Professorinnen und Professoren sprunghaft zugenommen hat, sondern auch qualitativ bedenkliche Entwicklungen zu verzeichnen sind. So scheinen die Betroffenen besonders häufig bestimmten soziologischen Gruppen anzugehören, bei deren Angehörigen zu vermuten ist, dass sie nur durch außergewöhnliche eigene Anstrengung und Begabung in der Wissenschaft Karriere machen konnten, sich dem Leistungsethos verpflichtet fühlen und in besonderem Maße dem traditionellen, humboldtschen Wissenschaftsverständnis verhaftet sind. Bei der Begründung einer Entlassung schien in der Anfangsphase der beobachteten Entwicklung oft »Führungsfehlverhalten« vorgeschoben zu werden, während inzwischen der Vorwurf der ideologischen Unbotmäßigkeit üblicherweise mehr oder weniger offen geäußert wird. Allgemein scheint es an den Hochschulen bei der Beendigung von Professuren um die Einhaltung rechtsstaatlicher Verfahren nicht gerade besonders gut bestellt zu sein. Es fördert den kollegialen Umgang und die Fairness gegenüber den angegriffenen Professorinnen und Professoren offenbar auch nicht, wenn die Medien sich einer Sache annehmen.

Besonders verdienstvoll ist es, dass die Autorinnen Egner und Uhlenwinkel angesichts der von ihnen ermittelten Fakten an die Maßstäbe erinnern, die für die Universität und die Wissenschaft nach wie vor Geltung beanspruchen dürfen. So kontrastieren sie ihren Befund mit den verfassungsrechtlichen Vorgaben der Wissenschaftsfreiheit, mit dem von Max Weber skizzierten Ideal des Forschers und mit den einst im Beutelsbacher Konsens zusammengefassten didaktischen Leitlinien für eine sachgerechte Lehre. Von hohem praktischen Wert ist der von ihnen zusammengestellte, an bewährten rechtsstaatlichen Prinzipien orientierte Katalog von Kriterien für ein faires Verfahren zur Klärung von Vorwürfen im akademischen Bereich. Es ist zu wünschen, dass die vorliegende Untersuchung weite Verbreitung findet und zur konsequenten Bekämpfung vorhandener Missstände beiträgt.

Siegen, 26.09.2024
Professor Gerd Morgenthaler
Rechtswissenschaftler

1 Entlassung von Professoren: Ein neues Phänomen?

»Die Chance, dass ein Professor entlassen wird, geht gegen Null [sic], wenn er keine Kapitalverbrechen begeht.«

(Portal Gute Frage[1])

Dass ein Professor entlassen werden könnte, war uns selbst lange Zeit gar nicht bewusst. Vorstellbar erschien dies tatsächlich nur unter den im Zitat genannten Umständen: Sollte jemand die berühmten »silbernen Löffel« klauen, sich mithin einer Straftat schuldig machen, dann konnte eine Entlassung im Ausnahmefall tatsächlich vorkommen, so wie in anderen Berufen auch. Keine der beiden Autorinnen hatte auf ihrem Weg durch die Institution, der (damals) über Studium, Dissertation, Habilitation, Lehraufträge, Vertretungs- und Gastprofessuren bis letztlich zu der Berufung auf eine ordentliche Professur führte, je von der Entlassung eines Professors oder einer Professorin gehört. Selbst gegen offenkundige Vernachlässigungen der Dienstpflichten insbesondere in der Lehre (Stichwort »Professor Holiday« oder »Professor Unterwegs«[2]) war man zum Beispiel 2002 noch der Meinung, nicht erfolgreich vorgehen zu können. Dennoch hat es selbst in früheren Jahren hier und dort schon einmal Entlassungen gegeben, wie wir nun aus unserer empirischen Studie wissen.

Dieses Buch berichtet über die überraschende und deutliche Zunahme von Entlassungen von Professorinnen und Professoren. Es wirft einen Blick in einen Bereich der Gesellschaft, den nur wenige Menschen von innen kennen, über den jedoch die meisten eine klare Meinung haben. Zum einen, weil sie mehr oder weniger leidvoll ein Studium durchlaufen und mit Vertretern dieser Spezies als Studenten ihre jeweils eigenen Erfahrungen gemacht haben. Zum anderen, weil »der Professor«, früher »der Gelehrte«, eine durchaus beliebte Figur in Kunst und Literatur darstellt: »Faust« und »Galileo Galilei« gelten als Stoffe der Weltliteratur, der »weise Narr« ist eines ihrer beliebten Motive.[3] Vermutlich hat somit nahezu jeder im westlichen Kulturraum unwillkürlich Assoziationen im Kopf, sobald das Wort »Professor« fällt.

»Der Professor«

Eine ganze Generation lernte schon als Kind den Naturforscher Habakuk Tibatong kennen, der Tiere zum Sprechen brachte und mit ihnen auf einer einsamen Insel lebte. Einen »durchaus typisch verkörperten Professor«[4] erkennt die Deutsche Film- und Medienbewertung in Sönke Wortmanns Film *Contra* (2021). Darin beschreibt die zunächst unwillige Studentin Naima Hamid in einem Schlussplädoyer ihren Professor Richard Pohl als einen Zyniker, als Querulanten, als einen »zuversichtlichen Pessimisten« und einen »Widerling mit Herz«. Auch der Münsteraner *Tatort* verfügt mit Karl-Friedrich Boerne über einen Professor mit stereotypischen Attributen: klug und dementsprechend fehlerfrei, überheblich, aus gutem Hause und kulturell gebildet. Diese Stereotype fügen sich bestens ein in die literarisch skizzierten Sujets vom furchtlos-draufgängerischen Forscher-Entdecker unbekannter Welten bis hin insbesondere zum genial vergeistigten, der Welt entrückten Denker mit kauzigen Gewohnheiten. Der Kern, der diese durchaus gegenläufigen Bilder verbindet, ist die Unabhängigkeit. Die Eigenständigkeit im Denken und Handeln.

Eine Schärfe des Arguments, mit dem er jeden, der sich auf eine Diskussion einlässt, herausfordert, um noch trefflicher zu werden. Eine Widerborstigkeit gegen die Zumutungen des Alltags und der Welt – zu der auch die Kollegenschaft, die jeweils Herrschenden und zeitgeistige Moden gehören. Wie bei Stereotypen üblich, gilt auch hier: Dies traf zu keiner Zeit auf alle Mitglieder der Professorenschaft zu. Dennoch galten das nonkonformistische Denken, der Drang zur höchsten Genauigkeit, die innere Unabhängigkeit des Professors, ja sogar die Renitenz, oft verbunden mit einer gewissen sozialen Unfähigkeit, bis vor relativ kurzer Zeit als der Kern dessen, was eben auch einen »guten Professor« auszeichnet.

Wenn Sie jetzt einen männlichen Professor vor Augen haben, kommt das nicht von ungefähr. Die »Professorin« ist ein zu neues Phänomen, als dass für sie bereits ein eigenes Stereotyp entwickelt worden wäre. Frauen wurden im deutschsprachigen Raum erst vor etwa einhundert Jahren zum ersten Mal als Professorinnen an Universitäten beschäftigt.[5] Trotz all der aufwendigen Programme, die seit etwa drei Jahrzehnten darauf abzielen, die Frauenquote zu erhöhen, betrug der Anteil von Frauen an der Professorenschaft über alle Disziplinen hinweg in Deutschland im Jahr 2022 nur etwa 28 Prozent[6] (in der Schweiz 24 Prozent (2019)[7] und in Österreich 26 Prozent (2020)[8]). Diese zu kurze Geschichte, ebenso wie der nach wie vor gültige Status als Minderheit, hat bisher nicht zur Herausbildung eines vergleichbar markanten eigenen Charakters geführt, der sich vom »Professor« unterscheiden würde. Vielleicht ist das auch gar nicht nötig oder wünschenswert. Dennoch zeigen die Ergebnisse unserer Studie auffällige Unterschiede zwischen Professorinnen und Professoren (Kapitel 3), die nahelegen, dass bei der Wahrnehmung und Beurteilung ihrer Arbeit nach wie vor erhebliche Doppelstandards wirken. Um diese Unterschiede in den Blick bekommen zu können, kann das Stereotyp »Professor« durchaus hilfreich sein.

Grundsätze der Wissenschaft: Max Weber versus Wissenschaftsmanager

In dieses weitgehend kulturell vermittelte Bild fügen sich die Grundsätze moderner Wissenschaft nahtlos ein. Als Erster hat sie der deutsche Soziologe und Nationalökonom Max Weber (1864–1920) in einem Vortrag mit dem Titel *Wissenschaft als Beruf*[9] konkret benannt. Die von ihm formulierten Maximen prägten etwa ein Jahrhundert lang nicht nur das Selbstverständnis der Wissenschaft, sondern auch die allgemein verbreitete Kenntnis darüber, wie Wissenschaftler arbeiten, welchen Auftrag sie verfolgen und wofür sie nicht zuständig sind; kurz: was sie tun und was sie lassen sollten. Demnach ist es die Aufgabe von Wissenschaft, ansonsten unverfügbares Wissen[10] für den Einzelnen und für die Gesellschaft bereitzustellen; die außerwissenschaftlichen Akteure (Politik oder eben auch der einzelne Mensch) können dann auf der Grundlage dieses Wissens und vor dem Hintergrund der jeweils eigenen moralischen Begründungen ihr Handeln reflektieren und rechtfertigen. Um zu diesem unverfügbaren Wissen zu gelangen, sind Wissenschaftler der Suche nach der Wahrheit verpflichtet. Die Wahrheitssuche gilt als oberster wissenschaftsinterner Wert, sie legitimiert *jegliche* Forschung, also auch jene, die keiner der Nützlichkeitserwartungen oder Relevanzvorstellungen gerecht wird, die etwa von der Politik oder der Wirtschaft an sie herangetragen werden. In diesem Sinne ist es geradezu zentrale Aufgabe von Wissenschaftlern, »unangenehme Wahrheiten«[11] zu produzieren. Dabei ist klar, dass es sich bei der Wahrheitsfindung immer nur um eine Annäherung handeln kann, um eine vorläufige Wahrheit, einen unabgeschlossenen Prozess einer fortlaufenden Suche: Wissenschaft als der letzte gesicherte Stand des Irrtums. Bei ihrer Arbeit haben Wissenschaftler darüber hinaus die Pflicht, Werturteile so gut wie möglich außen vor zu lassen. Werturteilsfreiheit bedeutet, dass Wissenschaft zu gesellschaftlichen Fragen, für deren Gestaltung politische oder ethische Entscheidungen getroffen werden müssen, zwar Aussagen darüber treffen können, was getan werden *kann*, jedoch nicht, was getan werden *soll*.[12] Gerade aufgrund dieser spezifischen Aufgabe steht die Wissenschaft in nahezu allen demokratischen Ländern unter einem besonderen Schutz (Kapitel 2).

Wer sich nun verwundert die Augen reibt und meint, dass von den beiden letzten Punkten – Hervorbringung *unangenehmer Wahrheiten* als Aufgabe und *Werturteilsfreiheit* als Pflicht – in der öffentlich sichtbaren Wissenschaft der jüngeren und jüngsten Vergangenheit wenig zu finden sei, blickt tatsächlich auf eine andere Wissenschaftslandschaft als Max Weber damals. Die heutigen Helden der Wissenschaft (also jene, die als besonders erfolgreich gelten) sind wieselflinke Wissenschaftsmanager, die geschickt die Geldtöpfe der nationalstaatlichen und europäischen Forschungsförderung anzapfen, in globalen *Think Tanks* vernetzt sind, ambitioniert politische Akteure beraten, eloquent in Talkshows parlieren und aktivistisch, am liebsten weltweit, Wirksamkeit erzielen wollen.[13] Dazu dürfen sie weder kauzig noch widerborstig sein noch eine These vertreten, die einer gerade herrschenden öffentlichen Meinung zuwiderläuft. Auch »unangenehme Wahrheiten«, welche die Ergebnisse politischen Handelns infrage stellen, sind wenig hilfreich. Insbesondere die politischen Debatten der letzten Jahre haben den Eindruck vermittelt, dass es *eine* Wissenschaft gäbe, die nicht nur im Konsens feststellt, was ist, sondern darüber hinaus auch vorgibt, wie die Politik zu handeln habe. Ein größeres Missverständnis darüber, wie Wissenschaft seit Max Weber eigentlich gedacht war, damit sie produktiv für eine Gesellschaft wirken kann, ist kaum vorstellbar.

Die Wissenschaft der weberschen Maxime lebt von der Kontroverse. Sie ist sich der Grenzen ihrer Erkenntnismöglichkeiten bewusst und behandelt Wahrheit immer als vorläufig. Brecht lässt seinen Galilei genau deshalb sagen:

»Eine Hauptursache der Armut in den Wissenschaften ist meist eingebildeter Reichtum. Es ist nicht ihr Ziel, der unendlichen Weisheit eine Tür zu öffnen, sondern eine Grenze zu setzen dem unendlichen Irrtum.«[14]

Heute zeigen weite Teile der Wissenschaft die hier implizierte Armut: Die Ergebnisse sind ideologisch aufgeladen, teils so stark, dass sachliche oder wissenschaftlich basierte Kontroversen ausgehebelt werden. Wir sehen uns mit einer Wissenschaft konfrontiert, die über Drittmittel von der Politik gestaltet wird.[15] Eine solche Wissenschaft kann weder dem Einzelnen noch der Gesellschaft einen Rahmen bieten, in dem die eigenen Handlungen reflektiert und gerechtfertigt werden können. Nach Max Weber kann eine solche Wissenschaft nicht anders, als in der Mittelmäßigkeit zu versinken.

Auswirkungen auf das universitäre Leben …

Der im Film *Contra* dargestellte Professor Richard Pohl ist heute eher wenig typisch, auch wenn der Film einige der aktuellen Konfliktlinien an heutigen Universitäten aufnimmt: Sie sind Orte, an denen auch durch Beschlüsse der Mehrheit der Professoren ideologisch motivierte Sprachregelungen das Denken einschränken, an denen missliebige Publikationen aus Bibliotheken systematisch entfernt werden und Studenten sich bei der Hochschulleitung ganz selbstverständlich beschweren dürfen, wenn sie im Seminar mit Literatur konfrontiert werden, die ihrer persönlichen Meinung widerspricht[16] und durch die sie sich belästigt oder gar in ihrer Identität beleidigt fühlen. Studenten, die wie die Protagonistin im Film die Herausforderung durch den Professor annehmen, sich ihr stellen und an ihr wachsen, gibt es noch, allerdings sind es eher wenige. Und nun werden seit Kurzem zunehmend

Professorinnen und Professoren entlassen, nicht zuletzt basierend auf den Beschwerden jener unzufriedenen Studenten oder Nachwuchskräfte. Interessant ist die weitgehend zustimmende Reaktion der Medien auf eine Entlassung oder öffentliche Degradierung, die dieses Vorgehen als eine Art Fortschritt begreifen,[17] nach dem Motto: Endlich wird auch da nun aufgeräumt – Professoren haben zu viel Macht, die sie sowieso regelmäßig missbrauchen! Das laute Schweigen aus den Reihen der Professorenschaft sowie deren Berufsverbänden auf die Entlassung oder Degradierung eines Kollegen scheint dies zu bestätigen. Was könnte man anderes annehmen als: Wer schweigt, stimmt zu.

Wer genauer hinsieht, wird feststellen, dass es sich eher um eine besorgniserregende Entwicklung als um einen Fortschritt handelt. Denn zum einen erfolgen die Entlassungen mit einer neuen Art von Begründungen: Statt aufgrund wissenschaftlichen Fehlverhaltens (etwa Wissenschaftsbetrug, Plagiat) oder Taten, die unter das Strafrecht fallen (wie Betrug, Veruntreuung, Nötigung, sexuelle Übergriffe), kann man nun aufgrund des persönlichen *Verhaltens als Führungskraft* (Kapitel 4) oder aufgrund von *missliebigen Meinungsäußerungen* (Kapitel 5) die Professur verlieren. Zum anderen werden die Entlassungen in einer Art und Weise vorgenommen, die wir – im besten Falle – »leichtfertig« nennen. Man könnte auch »willkürlich« sagen, denn unsere Befunde zeigen, dass dabei der Rechtsstaat mit Füßen getreten wird (Kapitel 6). Diese Vorgänge sind ein massiver Eingriff in die Wissenschaftsfreiheit. Warum dies eine Gefahr für unsere Gesellschaft insgesamt darstellt, wird hoffnungsvoll am Ende der Lektüre deutlich geworden sein.

Entlassungen – Einzelfälle oder ein neues Phänomen?

Bedeutsam für die Beurteilung der Inhalte dieses Buches ist die Frage, ob es sich bei der beobachteten Entlassung von Professorinnen und Professoren um ein neues allgemeines Phänomen handelt oder ob es doch eher Einzelfälle sind, die keine weitere Bedeutung haben. Als wir im Jahr 2020 mit der Sammlung empirischer Daten zur Entlassung oder öffentlichen Degradierung von Professorinnen und Professoren im deutschsprachigen Raum begannen und unsere ersten Ergebnisse im hochschulpolitischen Umfeld präsentieren wollten, wurde uns das Einzelfall-Argument wie eine Abwehrwaffe entgegengehalten. Das mag teilweise auch daran liegen, dass viele Fälle unsichtbar bleiben, selbst wenn Medien darüber berichten. Kollegen an Hochschulen und Forschungseinrichtungen, die von derartigen Ereignissen hören, halten sie daher meist für einen unglücklichen Einzelfall. Selbst jene, die entlassen wurden, gehen häufig davon aus, dass sie die oder der Einzige sind. Von Außenstehenden werden die Gründe nahezu reflexartig in einem tatsächlichen Fehlverhalten der Person, die entlassen wurde, gesucht. Wo Rauch ist, da muss doch auch Feuer sein. Universitäten und Forschungseinrichtungen sind Institutionen, die nach wie vor hohes Vertrauen und den Ruf hoher Rationalität genießen. Da liegt der Schluss nahe, dass eine Entlassung selbstverständlich erst nach Abschluss adäquater Prüfverfahren erfolgt sein wird. Dem ist nicht so. Dies können wir auf der Grundlage unserer Studienergebnisse für die von uns beobachteten Fälle gesichert sagen.

Bereits unsere erste empirische Erhebung[18] hatte Hinweise darauf gegeben, dass es sich weder um Einzelfälle handelt noch dass persönliche Verfehlungen (wie etwa Führungsfehlverhalten) der Betroffenen als Gründe maßgeblich waren, obwohl sie als Begründung für diese besonders drastische Art der Eskalation des Dienstverhältnisses angegeben wurden.[19] In unserer Studie richteten wir unseren Blick sowohl auf tatsächliche Entlassungen als auch auf öffentliche Degradierungen von Professorinnen und Professoren. Fälle von öffentlicher Degradierung waren seit 2018 insbesondere im Kontext der Max-Planck-Gesellschaft ruchbar geworden. Wir fassen darunter Fälle, bei denen eine Forschungseinrichtung oder Universität eine Professorin oder einen Professor öffentlich und medienwirksam eines Amtes oder einer reputierlichen Funktion enthebt. Dies geht in der Regel mit deutlichen Einkommenseinbußen und Forschungsbeschränkungen einher, auch wenn die eigentliche Stelle erhalten bleibt. Was Entlassung und öffentliche Degradierung verbindet, ist der enorme Reputationsverlust, der für jeden Wissenschaftler eine Vernichtung darstellt, da er in der Regel das Ende der wissenschaftlichen Karriere bedeutet.

Das verblüffendste Ergebnis der ersten Erhebung offenbarte eine strukturelle Gemeinsamkeit der ansonsten ganz unterschiedlichen Fälle: Meist reichte allein der *Vorwurf* eines Fehlverhaltens aus, um die Entlassung oder Degradierung auszusprechen, ohne dass der Sachverhalt in einer Weise geprüft wurde, der rechtsstaatlichen Anforderungen genügt.[20] Die Analyse weiterer Fälle in den Jahren 2023 und 2024 bestätigt und ergänzt diese ersten Befunde, sodass wir mittlerweile gesichert sagen können, dass sich das Argument »Einzelfall« nicht halten lässt. Vielmehr schält sich ein Phänomen heraus, das deutlich sichtbar im Jahr 2018 an Fahrt aufgenommen hat und seitdem in eine Art Normalisierung überzugehen scheint (Abbildung 1). Die Zusammenfassung der Daten in Fünfjahresschritten zeigt eine deutliche Zunahme: Vor 2005 sind uns fünf Fälle bekannt, 2005 bis 2009 nur einer, 2010 bis 2014 kennen wir vier Fälle, 2015 bis 2019 sind es bereits 18 und 2020 bis 2024 sind es schließlich 32 Fälle (wobei die Betrachtungsperiode zum Zeitpunkt des Verfassens dieses Buches noch nicht vollendet ist). In der Abbildung ist neben der jährlichen Entwicklung der hohe Anteil betroffener Professor*innen* (55 Prozent) ersichtlich, der fast dem Doppelten ihres Anteils an der gesamten Professorenschaft (28 Prozent) entspricht (Kapitel 3).

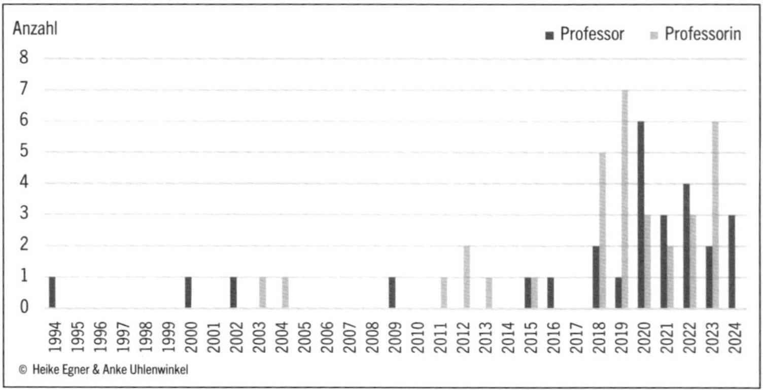

Abbildung 1: Entlassung / öffentliche Degradierung von Professorinnen und Professoren in D-A-CH n = 60 (Stand Juni 2024)

Entstehung und Anliegen der Studie

Die Studie, die diesem Buch zugrunde liegt, ist ohne Fördergelder und ohne institutionelle Unterstützung entstanden. Wir haben sie vielmehr als *freie Wissenschaftlerinnen* durchgeführt, angetrieben von einem Forschungsinteresse, das aus einer eigenen Betroffenheit resultiert. Eine von uns wurde 2013 von ihrer Universität in einem nicht kodifizierten Verfahren als Beamtin unangekündigt nicht entfristet, die andere 2018 für sie völlig überraschend, und ohne konkrete Angaben über die Gründe von ihrer Universität fristlos entlassen. Gemäß den Regeln »guter wissenschaftlicher Praxis« gilt die eigene Betroffenheit in einem Forschungsfeld in der Regel als Hinderungsgrund für die Forschung.[21] In der empirischen Sozialforschung kann es sich bei sensiblen Forschungsfragen jedoch als notwendig erweisen, um zum Beispiel Zugang zum Forschungsfeld selbst, also anderen Betroffenen, zu erhalten.[22] So auch in unserem Fall. Einerseits erweist sich das Auffinden der Fälle schon deswegen als schwierig, weil sie nirgendwo erfasst werden. Nur die wenigsten Fälle erreichen eine breite

Medienöffentlichkeit, wodurch sie für einen Beobachter sichtbar werden. Die Suche gleicht daher eher einer Detektivarbeit. Andererseits kommt hinzu, dass eine Entlassungs- oder Degradierungserfahrung stark stigmatisierende und traumatisierende Wirkung hat, sodass die Betroffenen aufgrund dieser Erfahrung meist sehr zögern, sich an der Studie zu beteiligen. Die eigene Betroffenheit der Autorinnen war an dieser Stelle ein maßgeblicher Faktor für die Entscheidung des Kollegen oder der Kollegin, an der Studie teilzunehmen. Angesichts des uns entgegengebrachten Vertrauens werden wir keine Namen nennen und keine einzelnen Fälle darlegen, sondern stellen die Befunde nur in zusammenfassender und anonymisierter Form vor. Jeder einzelne Fall einer Entlassung oder Degradierung ist in sich und für sich genommen vielschichtig und komplex; jede Einzelanalyse müsste dieser Komplexität gerecht werden. Für unser Anliegen ist dies nicht notwendig, ja sogar hinderlich. Vielmehr bedarf es einer strikten Abstraktion vom Einzelfall, um jene strukturellen Gemeinsamkeiten und Unterschiede in den Blick zu bekommen, die es erlauben, die Struktur und Dynamik ausmachen zu können, die hinter der Entfernung kritischer und leistungsfähiger Professorinnen und Professoren an den Hochschulen liegt.

2 Der besondere Schutz der Wissenschaft

»Kunst und Wissenschaft, Forschung und Lehre sind frei.« So steht es in Art. 5 Abs. 3 Satz 1 des deutschen Grundgesetzes.[23] Die Freiheit der Wissenschaft ist mithin ein *Grundrecht*. Ursprünglich als »unverletzliche und unveräußerliche Menschenrechte« (Art. 1 Abs. 2 GG) verankert, erscheinen derzeit Grundrechte zunehmend als etwas, das der Staat den Bürgern je nach Situation und Belieben gewähren oder verwehren darf. Ein solches Ansinnen verkehrt das Prinzip der Grundrechte in ihr Gegenteil, sind diese doch Abwehrrechte des Bürgers gegen den Staat. Genau deswegen sind Grundrechte eben »unverletzlich und unveräußerlich« gestellt, um die Bürger vor den Fährnissen politischer Übergriffe abzusichern. In anderen Worten: Grundrechte sind dauerhaft und beständig, jedem anderen Recht vorgeordnet und bedürfen keiner weiteren Begründung. International ist der Schutz der Wissenschaft in Art. 27 der Allgemeinen Erklärung der Menschenrechte und in Art. 15 des UNO-Menschenrechtsabkommens verankert.

Mit dieser Ausstattung im Gepäck wird die Wissenschaftsfreiheit in öffentlichen Reden gemeinhin als hohes Gut gepriesen, das es selbstverständlich zu wahren gilt. Bei konkreten Fragen verlässt die Debatte jedoch schnell die theoretisch-abstrakte Klarheit und gleitet in die nebligen Zonen ideologisch-moralischer Argumente ab. Dies geschieht meist in politisierten Themenfeldern oder wenn es um »unangenehme Wahrheiten«[24] geht, um Äußerungen also, die jemandem missfallen. Die Berliner Posse im Mai 2024 um den offenen Brief von *Lehrenden an Berliner Hochschulen*, mit dem sie auf das Recht auf Protest an Hochschulen pochten, zeigt dies beispielhaft. Statt sich *inhaltlich* mit der Forderung auseinanderzusetzen, prüfte das Bundesbildungsministerium den Brief auf mögliche *Straftatbestände* und erwog die juristischen Möglichkeiten der *Sanktionierung* der 393 Erst-Unterzeichner, etwa durch Streichung von bereits gewährten Fördermitteln. Ein deutlicher – und eindeutig illegitimer – Versuch eines Eingriffs in die Wissenschaftsfreiheit. In diesem Fall ließ eine laute Empörung vonseiten der Wissenschaft nicht lange auf sich warten. So unverblümt wie hier erfolgen die Eingriffe allerdings nicht immer. Vielmehr ist das ganze Feld bereits sehr aufgeweicht, was sich schon allein daran zeigt, dass in Diskussionen über die leichtfertige Entlassung von Professorinnen und Professoren der Zusammenhang mit der Bedeutung des besonderen Schutzes der Wissenschaft den Meisten überhaupt nicht klar ist. Insbesondere durch den massiven Umbau der Universitäten in den vergangenen drei Jahrzehnten sind hier einige der früheren Grundfesten ins Rutschen geraten (Stichworte: Verschulung der Universitäten durch die Umstellung von Diplom, Magister und Staatsexamen auf Bachelor und Master im Rahmen der sogenannten Bologna-Reform, Autonomie der Hochschulen, Bewertungssysteme und Rankings, die zur Quantifizierung von Forschung und Lehre eingesetzt werden, und so weiter). So stellt die Umstellung der Finanzierung wissenschaftlicher Forschung auf Drittmittel bereits ein derart hohes Ausmaß an politischer Steuerung dar,[25] dass allein von daher schon nicht mehr von einer grundsätzlichen Gewährleistung der Wissenschaftsfreiheit ausgegangen werden kann. Um diese zu garantieren, müsste ein gewisses Forschungsbudget grundsätzlicher Bestandteil der Ausstattung einer Professur sein. Wenn jedes Forschungsvorhaben gesondert beantragt werden muss, richten sich Wissenschaftler selbstverständlich nach den Fördermöglichkeiten und den jeweiligen Förderkriterien der Geldgeber. Das allein schränkt die möglichen Forschungsthemen radikal ein. Die meisten Drittmittel entstammen der sogenannten öffentlichen Hand, die damit Forschungsanreize setzt. Unbequeme Forschung ist in einem solchen Rahmen nicht zu erwarten.

Auch jenseits unverblümter politischer Einflussnahme ist die Auslegung der Voraussetzungen und Reichweite und damit auch der Grenzen der Wissenschaftsfreiheit seit ihrer gesetzlichen Verankerung ein umkämpfter Bereich. Fragen der Wissenschaftsfreiheit beschäftigen daher immer wieder auch die Verfassungsgerichte. Für die deutschen Universitäten bedeutsam war das sogenannte »Hochschulurteil« von 1973,[26] in dem die besondere Stellung der Professoren im Zusammenhang mit anderen Gremien in der Universität beleuchtet wurde. Anlass war die damalige Forderung nach einer Drittelparität an den Universitäten, also gleiches Stimmrecht für die drei Statusgruppen Professoren, wissenschaftliche Mitarbeiter und Studenten, um die starken Interessengegensätze zwischen der einen übermächtigen Gruppe (Professoren) und den sich dagegen als unterprivilegiert darstellenden beiden anderen Gruppen auszugleichen. Das Bundesverfassungsgericht stärkte insofern die Gruppe der Professoren, indem es den Institutionen auferlegte, dass Professoren

> »aufgrund ihrer herausgehobenen Qualifikation, Funktion und Verantwortung sowie der Dauer ihrer Zugehörigkeit zur Universität und ihrer Betroffenheit [...] ein über ihr zahlenmäßiges Gewicht wesentlich hinausgehender Einfluß auf die Willensbildung in den Organen eingeräumt werden müsse«.[27]

Diese Entscheidung wirkt an den deutschen Hochschulen in vielerlei Hinsicht bis heute fort.

Die Konzentration auf Professorinnen und Professoren in unserer Studie über die Entlassung und öffentliche Degradierung von Wissenschaftlern findet genau hier auch ihre inhaltliche Begründung.[28] Obwohl die Wissenschaftsfreiheit vom Grundsatz her ein Jedermannsrecht[29] darstellt, von daher also grundsätzlich jeder, der eigenverantwortlich wissenschaftlich tätig ist oder werden will, unter ihren Schutzbereich fällt, zeigen sich im universitären Alltag jene Machtstrukturen, wie sie auch in anderen stark hierarchisch organisierten Institutionen üblicherweise vorkommen. Professoren stehen in dieser Hierarchie aufgrund ihrer herausgehobenen Position an einer Stelle, bei der davon auszugehen ist, dass sie genau diejenigen sind, in deren Arbeit sich das höchste Maß an Wissenschaftsfreiheit realisiert. Das plötzliche Einsetzen oder die Zunahme von Entlassungen und Degradierungen auf dieser Hierarchieebene kann daher als wichtiger Indikator für Eingriffe in das Wissenschaftssystem verstanden werden. Vor dem Hintergrund des besonderen Schutzes der Wissenschaft bräuchte es *erhebliche* Gründe für eine Entlassung oder Degradierung (Kapitel 4 und 5), ebenso wie adäquate, institutionelle Prüfverfahren (Kapitel 6) unumgänglich sind, bevor eine solch folgenschwere Entscheidung getroffen und umgesetzt wird. Wir können mit unserer Studie zeigen, dass beide Notwendigkeiten in den von uns beobachteten Fällen nicht eingehalten wurden, und erachten dies als hochbrisante Vorgänge. Zwar haben die unmittelbaren Folgen die entlassenen oder degradierten Professorinnen und Professoren zu tragen, die mittelbaren Folgen betreffen jedoch die Wissenschaft insgesamt und – aufgrund des spezifischen Auftrags der Wissenschaft – auch die Gesellschaft allgemein.

Bei einer Entlassung oder Degradierung eines Professors spielen die Hochschulleitungen eine zentrale Rolle. Diese Eingriffe seien eindeutig »Chefsache«, sagte Oliver Günther, Vizepräsident der Hochschulrektorenkonferenz und Präsident der Universität Potsdam, in einem Vortrag auf einer Tagung zur Wissenschaftsgovernance am 16.03.2023 in Wuppertal. »Chefsache«, das klingt nach ernsthafter Prüfung von Sachverhalten, nach umfassender Abwägung aller Umstände des Einzelfalls, nach Verantwortungsübernahme. All das finden wir in den von uns untersuchten Fällen nicht.[30] Vielmehr zeigt sich ein freihändiger Umgang der »Chefs« mit Verfahren, Kriterien und der Bewertung von Tatsachen. Dies wird gerechtfertigt mit dem Verweis auf die Autonomie der Hochschulen und – die Wissenschaftsfreiheit. Grundrechtsträger der Wissenschaftsfreiheit sind jedoch die *Personen,* die sich wissenschaftlich betätigen, *nicht* Universitäten oder Forschungseinrichtungen. Zwar gelten die Grundrechte aufgrund von Art. 19 Abs. 2 GG in einem kollektiven Sinne auch für Institutionen, allerdings sind sie auch dort als Abwehrrechte gegenüber Eingriffen des Staates gemeint. Und nicht als Ermächtigung für ein Vorgehen nach innen, gegen einzelne Mitglieder der Hochschule oder der Forschungseinrichtung. Demnach sind Universitäten »Horte der Wissenschaftsfreiheit und nicht staatliche Einrichtungen zur Sanktionierung einer formalen wissenschaftlichen Methodenlehre«.[31] Gleichwohl zeigen sich Hochschulen zunehmend als Austragungsorte politisierter Meinungskämpfe, in denen sie keineswegs eine neutrale Position einnehmen, sondern als Akteur mitspielen.[32] So üben sich Hochschulleitungen mittlerweile darin, sich per Pressemitteilung von einem ihrer Mitglieder zu distanzieren, wenn dieses sich vermeintlich unbotmäßiger Äußerungen schuldig gemacht hat und von den Medien ins Fadenkreuz genommen wurde (Kapitel 7). Mancherorts wird dies als Ausdruck einer »wehrhaften Hochschule«[33] gedeutet. Der Wissenschaft wäre es eindeutig dienlicher, wenn diese Hochschulleitungen stattdessen ihre Wehrhaftigkeit dadurch zum Ausdruck brächten, dass sie ihrer Fürsorgepflicht für ihre Mitglieder nachkämen und für die Gewährleistung der Wissenschaftsfreiheit einträten.

Erst kürzlich hat ein deutsches Verwaltungsgericht in seinem Urteil bezüglich einer Klage gegen eine Universität, die aus ideologischen Gründen einem Lehrbeauftragten seinen Lehrauftrag entzogen hatte, die Bedeutung des Grundrechts noch einmal in Erinnerung gerufen: Der verfassungsrechtlich garantierten Wissenschaftsfreiheit

> »liegt der Gedanke zugrunde, dass eine Wissenschaft, die frei von gesellschaftlichen Nützlichkeits- und politischen Zweckmäßigkeitsvorstellungen ist, dem Staat und der Gesellschaft im Ergebnis am besten dient«.[34]

Die Wissenschaft selbst ist *keine* demokratische Angelegenheit – die Wahrheit lässt sich eben gerade nicht durch die Zustimmung einer Mehrheit finden, sondern stellt sich möglicherweise genau als das heraus, was von den Meisten als undenkbar empfunden würde. In diesem Sinne braucht die Wissenschaft die Kontroverse, um noch einmal Max Weber in Erinnerung zu rufen. Die Kontroverse ist das Lebenselixier der Wissenschaft auf ihrer Suche nach der Wahrheit. Auf eine einfache Formel verkürzt, könnte man auch sagen: keine Kontroverse, keine Wissenschaft. Insbesondere bei aktuellen Fragen, die politischer Entscheidungen bedürfen, muss diese Kontroverse sichtbar sein. Das allgegenwärtige Gerede von einer Einigkeit der Wissenschaft im Hinblick auf dieses oder jenes aktuelle Thema ist ein eindeutiger Hinweis darauf, dass die Debatte jeglichen Bezug zur eigentlichen Wissenschaft verloren hat und es um die Durchsetzung einer bestimmten Politik geht. Während gleichzeitig die Politik die Verantwortung für ihr Handeln nicht übernehmen möchte und gerade deswegen auf eine vermeintliche Einigkeit der Wissenschaft verweist. Abgesichert wird dies dadurch, dass medial eben nur jene Stimmen zu Wort kommen, die einen vermeintlichen Konsens der Wissenschaft verlautbaren. Insbesondere in den letzten Jahren hat sich diese Instrumentalisierung der Wissenschaft für die Durchsetzung von Ideologien sehr deutlich gezeigt. Für eine demokratische Gesellschaft ist das eine brandgefährliche Verschiebung. In einer Art paradoxen Wendung ließe sich zugespitzt sagen: Gerade weil Wissenschaft keine demokratische Angelegenheit ist, braucht die Demokratie eine Wissenschaft, die frei von jeglicher Einflussnahme ihrer spezifischen Wissensproduktion nachgehen kann.

Mit diesen beiden ersten Kapiteln haben wir den Rahmen gesteckt, in dem wir unsere Forschung verstehen. Unser Wissenschaftsverständnis ist eines, das in der aktuellen Dynamik der Wissenschaft kaum noch anschlussfähig wirkt. Wohl wissend, dass es eine Idealisierung darstellt, eine Imagination, die sich auf diese Weise im eigenen Erleben nie hat vollständig realisieren können.[35] Und dennoch: Es ist die Wissenschaft von Max Weber, der unsere Tätigkeit als Profession ausbuchstabiert hat und die in dem Sujet des Professors ihren stereotypen Ausdruck findet. In der Tatsachen eine Rolle spielen. In der die Begeisterung für das Thema die Forschung vorantreibt und auch Studenten findet, die sich davon anstecken lassen. Eine Wissenschaft, die tatsächlich des besonderen Schutzes bedarf, weil sie das Potenzial hat, der Gesellschaft dadurch zu dienen, dass sie unbequem ist.

Nicht gemeint ist dagegen eine Wissenschaft, die oft eher präskriptiv als deskriptiv ist, die beispielsweise Sprachregelungen vorschreiben will, statt die tatsächliche Nutzung der Sprache zu beschreiben. Auch nicht gemeint ist eine Wissenschaft, die »objektive Tatsachen nicht einmal mehr als objektive Tatsachen benennen«[36] will, die beispielsweise einer jungen Frau Sprechverbote erteilt, nur weil sie darlegt, dass es in der Biologie nur zwei Geschlechter gibt.[37] Das alles meinen wir nicht, wenn wir von Wissenschaft reden. Mit einer solchen Wissenschaft verschwände das für eine Demokratie konstitutive »schwierige Verhältnis von Parteilichkeit und Wahrheitsanspruch«,[38] das notgedrungen die »Komplexität des Denkens erhöht«, weil es keine einfachen Lösungen vorgaukelt.

Möglicherweise erleben wir gerade das Ende der von uns gemeinten Wissenschaft. Und damit zugleich das Ende dessen, was wir die meiste Zeit unseres Erwachsenenlebens für selbstverständlich und garantiert hielten. Die Analyse der leichtfertigen Entlassung von Professorinnen und Professoren wirkt in dieser Hinsicht wie ein Brennglas, in dem sich die rapide Veränderung der demokratischen Verfasstheit unserer Gesellschaft offenbart. Dabei zeigt sich eine wechselseitige Dynamik: Ohne eine bereits auf breiter Front einsetzende und an Fahrt gewinnende Erosion wesentlicher Grundsätze wäre diese Art von Umgang mit Professoren nicht möglich geworden. Gleichzeitig beschleunigt die Entlassung gerade von Professoren genau diese Erosion, da sie für alle – aber insbesondere in der Wissenschaft selbst – markante Signale setzt, dass nun wirklich andere Zeiten angebrochen sind. In der Zusammenschau aller von uns beobachteten Fälle lassen sich in der kurzen Zeit von nur sieben Jahren, seitdem die Entlassung von Professorinnen und Professoren überraschend deutlich zugenommen hat (Abbildung 1, S. 20), zwei markante Phasen unterscheiden (Kapitel 4 und Kapitel 5). Phase I wirkt dabei als eine Vorbereitung für Phase II, die ohne die Etablierung der Praxis der leichtfertigen Entlassung eines Professors in Phase I so sicherlich nicht möglich gewesen wäre. Allen Entlassungen oder Degradierungen gemeinsam sind die verblüffende Willkür und eine tiefgreifende Missachtung rechtsstaatlicher Prinzipien in jenen Verfahren, die der Entfernung vorausgehen (Kapitel 6). In beiden Phasen spielen zudem die Medien eine wichtige, jedoch qualitativ ganz unterschiedliche Rolle; entlang der Medienbegleitung leichtfertiger Entlassungen von Professoren lassen sich so auch die eklatanten Veränderungen im Selbstverständnis der Medien gerade der vergangenen Jahre nachzeichnen (Kapitel 7). Insofern blicken wir mit unserem Fokus auf die Entfernung von Professorinnen und Professoren aus den Hochschulen zwar auf einen sehr kleinen Ausschnitt der Gesellschaft, an dem sich jedoch das große Bild der aktuellen Umbrüche der Gesellschaft kristallisiert.

3 Wer wird entlassen?

Wir beginnen bei der Untersuchung des Phänomens »Wer stört, muss weg!« mit einem Blick auf jene Professorinnen und Professoren, die entfernt wurden. Wer bei dieser Frage vermutet, dass die Antwort Muster und Strukturen entlang aufgeheizter polit-medialer Debatten offenbart, der wird vermutlich enttäuscht sein. Zwar haben gerade jene Fälle, in denen die Entlassung oder Degradierung aufgrund einer missliebigen Meinungsäußerung erfolgte (Kapitel 5), einen unmittelbaren kritischen Bezug zu aktuellen politischen Narrativen, jedoch lässt sich eine eindeutige Zuordnung der politischen Richtung nicht feststellen. Die von uns beobachteten Fälle decken das gesamte politische Spektrum ab; von ganz links bis ganz rechts. Die politische Orientierung der entlassenen oder degradierten Professorinnen und Professoren erweist sich als Erklärungsvariable als völlig untauglich.

Genauso wenig zeigen sich Schwerpunkte in wissenschaftlichen Disziplinen oder einzelnen Fächern. Entlassungen oder Degradierungen kommen in allen Fachrichtungen vor; von Natur- über Technik- bis hin zu den Geisteswissenschaften, Medizin und Kunst sowie Didaktik. Allenfalls in den Sozialwissenschaften lässt sich eine leicht erhöhte Häufigkeit feststellen, gehören hierzu ja gerade jene Fächer, die »unangenehme Wahrheiten« über bestehende politische oder gesellschaftliche Verhältnisse hervorbringen sollten.

Allerdings zeigt sich bezüglich der Standorte eine Auffälligkeit. Es gibt einige Universitäten oder Forschungseinrichtungen, an denen bereits mehrfach Professoren entlassen oder degradiert wurden. Hier scheint ein Lerneffekt zu greifen: Hat ein Rektor oder Präsident einmal diesen Schritt der drastischen Sanktionierung vorgenommen und war er damit erfolgreich, weil es weder einen lauten Aufschrei vonseiten der Kollegen oder gar der Medien gab noch eine eindeutige Rechtsprechung ihm Einhalt geboten hätte (was angesichts der groben Missachtung rechtsstaatlicher Prinzipien geboten gewesen wäre), tendiert er offenbar dazu, ihn zu wiederholen – und dabei die Verfahrensweise zu verfeinern. So verzeichnen wir sieben Standorte in unserer Studie, an denen an der gleichen Universität oder Forschungseinrichtung mehr als eine Professorin oder ein Professor entfernt wurde; die höchste Zahl an Fällen an einem Standort beträgt bislang vier Entfernungen, sodass der Schluss auf einen gewissen Lerneffekt nicht von der Hand zu weisen ist.

Die überraschendsten Ergebnisse fanden wir in den sogenannten sozialstatistischen Merkmalen, also Geschlecht, Alter, Herkunft und so weiter. Hier zeigen sich deutliche Auffälligkeiten: mehr als die Hälfte (55 Prozent) der in der Studie beobachteten entlassenen oder degradierten Professoren sind Frauen; ebenfalls gut die Hälfte (53 Prozent) sind sogenannte Erstakademiker, entstammen also einer Familie ohne akademischen Hintergrund; der überwiegende Anteil der Betroffenen gehört der höheren bis höchsten beruflichen Altersgruppe an. In Österreich und der Schweiz spielt zudem der Ausländerstatus eine Rolle: So sind allein sieben der neun Fälle in Österreich Ausländer, davon fünf Frauen. In der Schweiz betreffen 12 der insgesamt 15 uns bekannt gewordenen Fälle Ausländer, darunter vier Frauen.

Der Makel des *katholischen Arbeitermädchens vom Lande* wirkt nach

Die beiden ersten Befunde erinnern an das in den 1960er-Jahren vom Soziologen Ralf Dahrendorf geprägte Bild des *katholischen*

Arbeitermädchens vom Lande, mit dem er auf jene Gruppe von Menschen hinwies, die damals weitgehend von höherer Bildung ausgeschlossen waren.[39] Ein kurzer Blick zurück in jene Zeit verdeutlicht den Kontext unserer Studienergebnisse. Dahrendorfs Metapher ist eng mit der sogenannten Bildungsexpansion der 1960er- und 70er-Jahre verknüpft. Als Referenzpunkt für den Start der Debatte wird oft Georg Pichts 1964 publizierter Beitrag zur »Bildungskatastrophe« angesehen.[40] Er postuliert, dass Bildung eine Grundvoraussetzung für Wirtschaftswachstum sei und es dementsprechend darauf ankäme, bisher nicht genutzte Ressourcen an Humankapital zu heben.[41]

Die Metapher vom *katholischen Arbeitermädchen vom Lande* wirkt in neueren bildungspolitischen Metaphern, wie etwa dem »Migrantensohn aus bildungsschwachen Familien«[42] oder dem »muslimischen Jungen aus der Innenstadt«[43], bis heute nach. Allerdings hat sich das gesellschaftliche und bildungspolitische Umfeld für den Bildungsaufstieg zwischenzeitlich deutlich geändert. In den 1960er-Jahren setzte die Bildungspolitik auf eine Mischung aus *Auslese und Förderung.* Für Kinder aus bildungsfernen sozialen Verhältnissen bedeutete das oft, dass sie sich besonders bewähren mussten: Von ihnen wurde mehr Leistung verlangt als von ihren Mitschülern aus bessergestellten Schichten.[44] In der heutigen Bildungslandschaft spielt die Vorstellung der *Auslese* keine vergleichbare Rolle mehr. Die Formel von *Auslese und Förderung* wurde im Kontext der bildungspolitischen Reformen der 2000er-Jahre vom Leitprinzip »Fördern und Fordern«[45] abgelöst. Ziel der Bildungspolitik ist es hierbei explizit, den Anteil derjenigen zu erhöhen, die erfolgreich einen möglichst hochwertigen Schulabschluss erreichen. Dies soll insbesondere durch individuelle Förderung und die Schaffung einer positiven Haltung zum Lernen und zur Leistung geschehen. Bisherige Qualitätsstandards der Abschlüsse sollten dabei erhalten bleiben; dass genau dies nicht gelungen ist, zeigt die Bildungsmisere, die heute von niemandem mehr übersehen oder schöngeredet werden kann.

Trotz der Abkehr vom Ausleseprinzip nehmen immer noch deutlich weniger Kinder aus bildungsfernen Familien das Studium auf als Kinder aus Akademikerfamilien: In den Anfängerjahrgängen 2007 bis 2009 haben von 100 Kindern aus Akademikerfamilien 74 ein Studium begonnen; aus bildungsfernen Familien waren es nur 21. Von den 74 Kindern aus Akademikerfamilien brechen 15 Prozent das Studium ab, sodass am Ende 63 Studenten einen Bachelor-Abschluss erhalten. Auf dem Weg zum Master geben nochmals 28 Prozent auf: 45 Studenten schließen den Master erfolgreich ab. Zehn von ihnen werden später promovieren. Bei dem sowieso schon deutlich kleineren Anteil der Kinder aus bildungsfernen Familien sind die Abbruchquoten deutlich höher: 30 Prozent geben vor der Erreichung des Bachelor-Abschlusses auf, 44 Prozent auf dem Weg zum Master. Nur ein Kind von hundert wird am Ende auch promovieren.[46] Dieses Phänomen der höheren Abbruchraten auf allen Ebenen wird oft mit dem aus dem Englischen übernommenen Begriff der *leaky pipe*, der undichten Röhre, oder mit dem deutschen Begriff des *Bildungstrichters* beschrieben.

Klassenunterschiede entscheidender als Identitätspolitik

Der Unterschied zwischen Kindern aus bildungsfernen Familien und Akademikerfamilien fällt dabei deutlich stärker aus als beispielsweise der Unterschied zwischen Menschen mit und ohne Migrationshintergrund. Von hundert Personen mit Migrationshintergrund haben in den Anfängerjahrgängen 2007 bis 2009 dementsprechend 27 ein Studium begonnen, im Vergleich zu 41 Studenten ohne Migrationshintergrund. In den Folgejahren ist die Abbruchquote bei jenen mit Migrationshintergrund

(40 Prozent) zwar höher als bei jenen ohne Migrationshintergrund (18 Prozent), wer diese Hürde aber einmal genommen hat, hat eine höhere Wahrscheinlichkeit auch den Master zu absolvieren. Letztlich promovieren vier von hundert Kindern ohne Migrationshintergrund und zwei von hundert Kindern mit Migrationshintergrund.[47]

Im Kontext der aktuellen öffentlichen Diskussion über identitätspolitische Fragen, bei denen verschiedene Merkmale wie etwa die Hautfarbe, das Geschlecht, die Religion oder auch der nationale Hintergrund zu absoluten Diskriminierungsmerkmalen erklärt werden, mag dieses Ergebnis erstaunen. Es lässt sich aber leicht nachvollziehen. Für nordrhein-westfälische Professorinnen und Professoren, die im Ausland geboren wurden, wurde beispielsweise gezeigt, dass bereits ihre Herkunftsfamilien über einen deutlichen höheren Sozialstatus[48] verfügen als jene der in Deutschland geborenen Kolleginnen und Kollegen. Ähnliches zeigt sich bei Frauen: Professorinnen stammen aus Familien mit einem höheren Sozialstatus als jene der Professoren.[49] Diese Ergebnisse lassen vermuten, dass auch Professoren mit Migrationshintergrund bereits familiär über einen höheren Sozialstatus verfügen als solche ohne Migrationshintergrund. Umgekehrt heißt dies, dass Frauen sowie Menschen mit Migrationshintergrund aus bildungsfernen Familien es besonders selten schaffen, beruflich an Hochschulen Fuß zu fassen.

Aus Sicht von aktuellen identitätstheoretischen Ansätzen würde man hier vom Problem der Intersektionalität sprechen, also der Möglichkeit, dass Menschen aufgrund einer Kombination von an sich schon diskriminierenden äußeren Merkmalen (Hautfarbe, Geschlecht, Ethnizität) noch stärker diskriminiert werden, als es bei einem einzigen dieser Merkmale der Fall wäre. Das klassische Beispiel wäre hier die schwarze Frau muslimischer Religion. Aus marxistischer Sicht, die bis vor etwa ein bis zwei Jahrzehnten noch ganz selbstverständlich zur Untersuchung sozialer Unterschiede herangezogen wurde, wäre das Problem eher eine Frage des Haupt- und des Nebenwiderspruchs. Der Hauptwiderspruch ergibt sich aus dem Gegensatz von Kapital und Arbeit, also aus dem Klassenverhältnis. Das Ungleichheitsverhältnis, das sich aus dem Gegensatz zwischen Mann und Frau ergibt, gilt im Marxismus lediglich als Nebenwiderspruch, was schon in der feministischen Debatte der 1970er- und 80er-Jahre durchaus kontrovers diskutiert worden ist:[50] Diskriminierung von Frauen habe es auch vor der kapitalistischen Entwicklung gegeben und sie sei auch innerhalb der Linken zu beobachten, sagen die einen. Mit der Postulierung des Gegensatzes von Frauen und Männern wolle das Bürgertum einen Keil zwischen die Arbeiter und Arbeiterinnen treiben und so die Bewegung schwächen, sagen die anderen. Interessanterweise kennt auch das deutsche Grundgesetz (jedenfalls explizit) lediglich Nebenwidersprüche, denn nur Benachteiligungen oder Bevorzugungen aufgrund von Geschlecht, Abstammung, Rasse, Sprache, Heimat und Herkunft, des Glaubens sowie der religiösen und politischen Anschauungen sind nicht erlaubt, während der Hauptwiderspruch, das Klassenverhältnis als Ursache sozialer Ungleichheit, keine Erwähnung findet. Nahezu folgerichtig erscheint so der Fokus auf Frauenförderung seit den 1990er-Jahren, der den Hauptwiderspruch, das Klassenverhältnis, noch ein wenig weiter in den Hintergrund treten lässt. In den heutigen identitätstheoretischen Debatten scheint der damalige Hauptwiderspruch kaum mehr auf, so wie auch der Nebenwiderspruch aus dem Gegensatz von Mann und Frau durch die Maxime der Vielfalt zunehmend nichtig erscheint. Eher entsteht der Eindruck, als diskutierten hier vor allem Bessergestellte ausgiebig über Nebenschauplätze und lenkten damit vom Hauptwiderspruch ab. Mit dem Erfolg, dass die klassische soziale Frage als Begründung von sozialen Unterschieden in der medial-öffentlichen Wahrnehmung verschwindet, obwohl sich die Wirksamkeit der traditionellen Diskriminierungsfaktoren empirisch nach wie vor sehr deutlich feststellen lässt.

Risiko: Erstakademiker

Vor dem Hintergrund des bisher Gesagten ergeben sich in Bezug auf die sozialstatistischen Merkmale der entlassenen oder degradierten Professorinnen und Professoren interessante Einsichten. Zunächst lässt sich feststellen, dass ein Großteil der Betroffenen Kinder der Bildungsexpansion der 1960er- und 70er-Jahre sind: Sie haben Bildung noch als eine Kombination aus *Auslese und Förderung* erlebt und sind entsprechend leistungsorientiert. Gleichzeitig gehören sie vermehrt zu jenen Gruppen, die von der Bildungsexpansion besonders profitieren sollten: Etwa 60 Prozent der entlassenen oder degradierten Professoren sind, wie bereits gesagt, Frauen, obwohl ihr Anteil an der gesamten Professorenschaft nur gut ein Viertel (28 Prozent) beträgt. Bei den Professoren aus bildungsfernen Familien, die schon aufgrund der Ausleseverfahren noch leistungsorientierter sein mussten als ihre Altersgenossen, ist das Verhältnis noch auffallender: Während sie nur rund zehn Prozent der Professorenschaft ausmachen,[51] stellen sie gut die Hälfte aller entlassenen oder degradierten Professoren. Von den entlassenen Frauen stammen 63 Prozent aus bildungsfernen Familien und damit deutlich mehr als bei den Männern, obwohl auch diese mit 33 Prozent deutlich über dem geringen Anteil der Bildungsaufsteiger in der Professorenschaft liegen. Insgesamt entsteht so der Eindruck, als würde mit der Degradierung und insbesondere auch mit der Entlassung von Professoren das Bildungsversprechen der 1960er- und 1970er-Jahre nachgerade revidiert und rückgängig gemacht. Die seit den 2000er-Jahren zu beobachtende erneute soziale Schließung findet damit nicht nur beim Berufseinstieg statt, sondern auch nach einem erfolgreichen

Karriereweg. Es ist fast so, als habe man die bildungspolitische Öffnung als einen Fehler erkannt, den man auf diese Weise korrigiert.

Risiko: Alter weißer Mann | Alte weiße Frau

Neben den deutlich hervorgetretenen Diskriminierungsfaktoren Geschlecht, soziale Herkunft und (in Österreich und der Schweiz) Ausländerstatus, zeigt die Studie, dass die entlassenen oder degradierten Professoren meist ein höheres Alter aufweisen. Gut die Hälfte der Betroffenen (55 Prozent) sind 55 Jahre oder älter; knapp ein Viertel (22 Prozent) ist sogar 60 Jahre oder älter. Auch hier zeigt sich ein Geschlechterunterschied: Professorinnen trifft es in etwas jüngerem Alter als Professoren, knapp ein Drittel (29 Prozent) in der Altersklasse 50 bis 54 Jahre, ein weiteres Drittel (33 Prozent) im Alter von 55 bis 59 Jahren, während nur etwa ein Achtel 60 Jahre oder älter ist. Bei den betroffenen Professoren sind zwei Drittel (66 Prozent) 55 Jahre oder älter und ein Drittel 60 Jahre oder älter. Hier scheint sich eine weitere medienöffentliche Debatte niederzuschlagen: die des »alten weißen Mannes«[52] und der »alten weißen Frau«[53] als Problem. Unsere Studienergebnisse geben tatsächlich Hinweise darauf, dass es gerade die leistungsorientierten Babyboomer sein könnten, die von den nachfolgenden Generationen in einer Abwehr von Leistungsansprüchen als Problem deklariert werden (Kapitel 4).

In der Zusammenschau verweisen die Ergebnisse der Studie weniger auf eine aktuelle, politisch motivierte Dynamik denn auf einen gesellschaftlich-strukturellen Problemkomplex, der sich nun *auch* in dem neuen Phänomen der leichtfertigen Entlassung von Professorinnen und Professoren zeigt. Dass dies gerade in eine Zeit fällt, in der eine politisch und medial beförderte Tendenz zur Stigmatisierung und Ausgrenzung jener, die – aus welchem Grund auch immer – aus dem, was gerade als *normal* ausgerufen wird, herausstechen, mag zwar wenig verwundern, erschreckend bleibt es dennoch. In den vergangenen Jahrzehnten gab es vermutlich nie eine größere Akzeptanz in der Gesellschaft für die Sentenz »wer stört, muss weg«.[54] Dass es nun gerade Bildungsaufsteiger sein sollen, die offenbar die »heilige Ordnung«[55] der Universitäten dadurch stören, dass sie ihre biografischen Erfahrungen umsetzen, indem sie universitäre Bildung im meritokratischen Sinne verstehen, mithin in ihrem beruflichen Umfeld auf Ringen um Erkenntnis, auf Leistung sowie Eigenständigkeit im Denken bestehen, klingt fast zynisch. Für den Funktionswechsel hin zu einer Wissenschaft, die ihr Kerngeschäft – die Suche nach Wahrheit – zugunsten von ideologischem Aktivismus und Legitimierung politischen Handelns preisgibt, mag dies wie eine notwendige Reinigung erscheinen. Im Sinne einer Wissenschaft, die ansonsten unverfügbares – und daher für die Entwicklung einer Gesellschaft notwendiges – Wissen hervorbringen soll, ist dies ein kaum wiedergutzumachender Verlust.

4 Phase I: Vorwurf Führungsfehlverhalten

Der besondere Schutz, unter dem die Wissenschaft steht, stellt eine erhebliche Hürde für die Entlassung von Professoren dar. Wir werden nicht müde, darauf hinzuweisen, dass es deswegen *erhebliche* Gründe bräuchte, bevor es zu dieser Art der Eskalation tatsächlich kommen dürfte. Untersucht man die Begründungen, unter denen die Professorinnen und Professoren entlassen oder degradiert wurden, dann überrascht zunächst, dass unter den insgesamt 60 in der Studie berücksichtigten Fällen[56] nur zweimal überhaupt ein *manifester Grund* (wissenschaftliches Fehlverhalten oder eine Straftat) angegeben wurde (Tabelle 1). Beide Male handelt es sich um einen Plagiatsvorwurf. In dem einen Fall konnte selbst eine lange interne Untersuchung kein wissenschaftliches Fehlverhalten feststellen und dennoch wurde ein dauerhafter Entzug des Rechts auf Betreuung von Dissertationen verhängt sowie der Zugang zum eigenen Labor untersagt. In dem anderen Fall lagen für die Kündigung sehr offensichtlich andere Gründe vor als die angegebenen, etwas, das uns in der Studie mehrfach begegnete.[57]

In den 58 Fällen, in denen keine manifesten Gründe erkennbar sind, wurde durchweg ein Grund für die Entfernung angegeben, der in der *Person* der Professorin oder des Professors liegen soll. Am deutlichsten greifbar wird dies am *Führungsfehlverhalten*, einer Kategorie, unter der wir ein Bündel von typischen Vorwürfen zusammenfassen, zu denen Machtmissbrauch und Mobbing zählen. Allein 19 unserer Studienteilnehmer wurden aufgrund sol-

Tabelle 1 Angegebene Gründe für die Entlassung oder Degradierung (generalisiert). Quelle: eigene Erhebung.

	gesamt D-A-CH		w		m	
	n	%	n	%	n	%
Persönlich attribuierte Gründe						
Führungsfehlverhalten	**19**	***32***	13	*39*	6	*22*
ideologische Unbotmäßigkeit	**10**	***17***	3	*9*	7	*26*
Schlechterfüllung (Lehre, Forschung)	**8**	***13***	5	*15*	3	*11*
Ausführungsfehlverhalten (Verwaltung)	**3**	***5***	2	*6*	1	*4*
Manifeste Gründe						
wissenschaftliches Fehlverhalten	**2**	***3***	1	*3*	1	*4*
strafrechtliche Gründe	–	–	–	–	–	–
anderes	**13**	***22***	8	*24*	5	*19*
k. A./unbekannt	**5**	***8***	1	*3*	4	*15*
Summe	**60**	***100***	33	*100*	27	*100*

cher Vorwürfe entlassen oder öffentlich degradiert. Auch wenn es einige wenige frühere Fälle gab (je einen in 2004, 2012, 2015 und 2016), ist es gerade dieser Vorwurf, der die Fälle seit dem Beginn der überraschenden und steilen Zunahme von Entlassungen und Degradierungen ab 2018 dominiert. Wir fokussieren unsere Analyse in diesem Kapitel aus drei Gründen auf diesen spezifischen Entlassungsgrund: Erstens ist Machtmissbrauch ein tatsächliches Problem an Universitäten. Jeder, der eine Zeit lang an einer Universität verbracht hat, kann darüber Geschichten erzählen. Dennoch kommt es erst neuerdings mit dieser Begründung zu Entlassungen oder Degradierungen. Warum jetzt? Warum so gehäuft? Und worauf beziehen sich die Vorwürfe genau? Zweitens sind 13 der insgesamt 19 aufgrund dieses Vorwurfs Entlassenen Frauen. Dass diese Geschlechterdifferenz die tatsächlichen Verhältnisse widerspiegelt, also Frauen tatsächlich häufiger ihre Macht missbrauchen, ist eher unwahrscheinlich.[58] Ebenso unwahrscheinlich ist, dass dieser Befund zufällig ist. Drittens beinhalten die Medienberichte über diese Fälle derart stereotype Beschreibungen der Vorgänge, dass man beim Lesen Schwierigkeiten hätte, sie auseinanderzuhalten, stünde nicht die jeweilige Institution dabei. Dabei tauchen immer wieder Begriffe auf wie: »schwierige Person«, »Uneinsichtigkeit«, Schaffung einer »Atmosphäre der Angst« oder »des Terrors«, »anonyme Vorwürfe«, wobei diese oftmals von einer »Gruppe aus (soundso vielen) Nachwuchswissenschaftlern« vorgebracht werden.

Unsere Suche nach Gemeinsamkeiten und Unterschieden einer größeren Zahl von so ähnlich erscheinenden Fällen förderte dahinterliegende Strukturen und Prozesse zutage, die ein verstörendes Bild des Alltags an Universitäten zeichnen.

Leistungserwartung als Störung an Universitäten

Die Interviews mit jenen, die aufgrund des Vorwurfs eines Führungsfehlverhaltens mit dem Verlust einer hohen Position oder gar ihrer Professur sanktioniert wurden, zeigen, dass es sich durchweg um überdurchschnittlich gute bis exzellente Wissenschaftlerinnen handelt, oftmals mit einer ausgezeichneten Reputation, international anerkannt. Sie beschreiben sich selbst als sehr motiviert und leistungsbereit. Sie glauben, nicht zuletzt aufgrund der eigenen Erfahrungen als Bildungsaufsteigerin, an ein meritokratisches Bildungssystem, also daran, dass Leistung prinzipiell wichtig ist und als solche belohnt wird. Viele unserer

Studienteilnehmer berichteten von einem Selbstverständnis ihrer Rolle als Professorin, das durchaus in dem eingangs gezeichneten Sujet *des Professors,* der nonkonformistisches Denken, einen Drang zu höchster Genauigkeit und eine gewisse Widerborstigkeit in sich vereint, eine Entsprechung findet.

In den Medienberichten zu solchen Fällen liest man als Vorwurf von »extremen Qualitätskriterien«, die an den wissenschaftlichen Nachwuchs oder Mitarbeiter herangetragen worden seien. Exposés für Qualifizierungsarbeiten seien mehrfach zurückgegeben worden, Termine für eine Abgabe gesetzt oder eine Arbeit kritisch beurteilt worden. In den Augen derjenigen, die von den Leistungsanforderungen betroffen waren, stellte dies überzogene Ansprüche dar, was ihnen das Arbeiten unerträglich mache.

Tatsächlich lässt sich im universitären Alltag beobachten, dass zunehmend nicht nur die Anforderungen an eine Qualifizierungsarbeit von denjenigen, die Schwierigkeiten haben, diese zu erbringen, als grundsätzlich überzogen zurückgewiesen werden, sondern von ihnen auch die Bewertungen der erbrachten Leistung häufiger nicht akzeptiert und angefochten werden. Erhält ein Student oder Nachwuchswissenschaftler eine aus seiner Sicht zu schlechte Bewertung, kommt es regelmäßig zu Konflikten.[59] Die Ursache für die schlechte Beurteilung wird dabei nicht in der eigenen Leistung, sondern im Widerwillen oder in der Böswilligkeit der Professorin gesucht. Die Psychologie kennt dieses Muster als »selbstwertdienliche Verzerrung«:[60] Erfolge schreibt man sich selbst zu, während Misserfolge an anderen oder an den Umständen liegen. Dieser fundamentale Attributionsfehler wird aktuell oft dadurch überspitzt, dass Studenten sich bei einer aus ihrer Sicht völlig unbegründeten negativen Bewertung ihrer Leistung eher selten auf eine inhaltliche Diskussion einlassen. Vielmehr verweisen sie auf ihre charakterlichen Eigenschaften (für die prinzipielle Eignung) und persönliche Umstände (als Grund für die nicht erbrachte Leistung). Der Tenor dieser Art der Argumentation: Die einzelne geforderte Leistung, die nicht erbracht wurde, könne bei einer derart positiven Selbsteinschätzung doch keine wirkliche Rolle spielen, oder? Pointiert formuliert, wird hier ein »Recht auf Zertifikat«[61] eingefordert.

Eine Frage der Generationen?

Die sich hier an der Oberfläche andeutende grundsätzliche Differenz in der Einschätzung von Leistung hat einen tieferen Grund, der vor etwa drei Jahrzehnten seinen Anfang nahm. Für die Personalentwicklung in der Privatwirtschaft hatte sich bereits in den 1990er-Jahren ein grundsätzlicher Wandel gezeigt: »Statt fachlicher Fertigkeiten werden zunehmend Kontaktpflege-Kompetenzen gefordert«.[62] Diese Forderung kommt den alten Eliten zugute, denn als Bildungserben müssen sie nicht wie die Arbeiterkinder durch ihre Leistung überzeugen, sondern können sich auf ihren Status, ihre Netzwerke und ihren Habitus verlassen.[63] Nur etwa zehn Jahre später schwenkte die schulische Bildung auf Kompetenzorientierung um und kehrte schulischen Sach- und Fachinhalten zunehmend den Rücken, womit hier eine junge Generation herangewachsen ist, die unter diesen völlig anderen bildungspolitischen Rahmenbedingungen Leistung anders bewertet als die Vorgängergeneration.

An den Universitäten treffen naturgemäß immer unterschiedliche Generationen aufeinander. Das kann zu fruchtbaren Auseinandersetzungen für beide Seiten führen, aber auch zu Missmut. Die heutigen Differenzen scheinen jedoch deutlich tiefer zu liegen, da aktuell Generationen mit fundamental unterschiedlichen Werthaltungen aufeinanderstoßen. Was also macht die Boomer-Generation aus (die aktuell die älteren Professorinnen und Professoren stellen)? Und wie unterscheiden sich Generation Y (in etwa die Generation der Nachwuchswissenschaftler) und Generation Z (die Generation der derzeitigen Studenten) von ihnen?

Zu den Babyboomern werden in der Forschung meist die Geburtsjahrgänge zwischen 1950 und 1965 gezählt. Diese Generation ist in den Wirtschaftswunderjahren aufgewachsen und hat als erste von der Bildungsexpansion profitiert. Ihre Mitglieder waren aufgrund der hohen Jahrgangsstärken aber auch immer zu viele, was zu einer ausgeprägten Konkurrenz um Studien- und Arbeitsplätze geführt hat. Diese Erfahrung hat zu einer markanten Wettbewerbs- und Leistungsbereitschaft geführt, insbesondere bei den Bildungsaufsteigern. Dieser Generation gehören etwa zwei Drittel der entlassenen oder degradierten Professorinnen und Professoren an.

Für Mitglieder der Generation Y (Geburtsjahrgänge ca. 1980 bis 1995) stellt sich die Situation völlig anders dar: Die herkömmlichen Bildungszertifikate taugen immer weniger als Unterscheidungsmerkmal, da sie inzwischen zu weit verbreitet sind. Es setzt eine Suche nach möglichst aussagekräftigen Zusatzzertifikaten (Sprachkurse, Auslandsaufenthalte, Praktika) ein, was wiederum diejenigen bevorteilt, deren Eltern sich die Kosten dafür leisten können. Die Generation Y wirft den Bildungsballast, der einmal das Markenzeichen der Eliten war, dabei gerne ab – sie interessiert sich nur dann für Inhalte, wenn diese auch karriererelevant sind. Von ihrem Vorgesetzten oder Ausbilder erwartet die Generation Y Interesse an ihrer Arbeit, möglichst viele Rückmeldungen und eine »zugewandte, fördernde und zugleich Autonomie und Mitsprache gewährende Haltung«.[64] Die Karriereorientierung der Generation Y geht somit einher mit der Forderung nach breiter Unterstützung durch die vorhergehenden Generationen, was gleichzeitig auch bedeutet, dass die Verantwortungsübernahme für das eigene Handeln in Teilen zurückgewiesen wird.

Die Eltern der Generation Z sehen es zunehmend als ihre Aufgabe, den Erfolg ihres Nachwuchses (Geburtsjahrgänge ab ca. 1995) bereits von Kindesbeinen an zu fördern. Sie versuchen dabei, alles aus dem Weg zu räumen, was irgendwie hinderlich werden könnte. Gleichzeitig überhöhen sie ihre Kinder ins Unermessliche: Noch nie hat es so viele tatsächliche oder angebliche Hochbegabte gegeben wie in dieser Generation. Die Vertreter der Generation Z verfügen dementsprechend über ein ausgesprochen hohes Selbstbewusstsein und eine ausgeprägte Anspruchshaltung der Welt gegenüber. In der Wirtschaft führt dies inzwischen zu einer gedämpften Erwartung: Personalchefs bemerken sowohl eine Selbstüberschätzung als auch eine mangelnde Fähigkeit zur Selbstkritik.[65] In den Hochschulen macht sich die Selbstüberschätzung meist dahingehend bemerkbar, dass viele Studenten glauben, über ein Recht auf Bestnoten zu verfügen. Werden diese nicht erreicht, ist es der Fehler desjenigen, der die Aufgabe gestellt hat, getreu der Devise: »Sie müssen doch wissen, dass ich mich da nicht auskenne.«[66] Trifft diese Haltung auf die reale Welt und ihre Anforderungen, kommt es zwangsläufig zu Enttäuschungen. Eine erfolgreiche Bewältigung dieser Erfahrungen setzt Frustrationstoleranz und Resilienz voraus, über die die Mitglieder der Generation Z oft nicht verfügen. In der universitären Lehre führt dies zu absurdem Mehraufwand durch die Anforderung von immer intensiverer Begleitung bei der Leistungserbringung durch die sehr detaillierten Nachfragen, mit der Studenten versuchen sicherzustellen, dass sie die Anforderungen in jedem Fall richtig erfüllen. Verweigern Dozenten diese enge Begleitung, reagieren die selbsternannten *High Potentials* häufig mit Angst.

Missbrauch mit dem Vorwurf des Machtmissbrauchs

Das Aufeinandertreffen von Generationen mit derart unterschiedlichen Erwartungen – Leistungserwartung hier, Unterstützungserwartung dort – führt zwangsläufig zu Konflikten. Die Generationen Y und Z sehen in einer mangelnden Unterstützung durch die älteren Generationen bereits einen Machtmissbrauch: Wer sich weigert, die Verantwortung für ihr Fortkommen zu übernehmen, missbraucht seine Macht. Die Unterscheidung, die hier zugrunde gelegt wird, ist nicht die Frage danach, ob die Professorin ihre Macht im erlaubten (und für die Aufgabe sinnvollen) Rahmen nutzt oder über diesen Rahmen hinaus ihre Macht auch für Dinge nutzt, die der Universität schaden oder welche die Form von persönlicher Bereicherung annehmen.[67] Hier geht es vielmehr um die Frage des Könnens:[68] Kann die Professorin Macht ausüben oder nicht? Und ja, das kann sie, etwa durch die Notenvergabe. Entsprechen die Noten nicht den Erwartungen der Vertreter der Generation Y und Z, erblicken sie in dem Gebrauch dieser *Macht* schnell einen *Machtmissbrauch*. In dieser Hinsicht erscheint es nicht mehr ganz so erstaunlich, dass sich der Vorwurf des Machtmissbrauchs durch Professoren mittlerweile auch auf solche Handlungen stützt, die zu den Dienstaufgaben eines Professors gehören und die notwendig sind, um komplexe Institutionen aufrechtzuerhalten.[69] Angesichts dieses Verständnisses des Begriffs des Machtmissbrauchs erstaunt es nicht, dass eine Umfrage an der ETH Zürich ergeben hat, dass 24 Prozent der befragten Doktoranden meinen, Machtmissbrauch oder zumindest ein Führungsfehlverhalten bereits erlebt zu haben.[70]

Nun ist es selbstverständlich das Recht jeder Generation, sich gegen die Anforderungen der vorhergehenden Generationen aufzulehnen und deren Normalitätsverständnis abzulehnen. Die Klage der Älteren gegenüber dem vermeintlichen Verfall der Sitten und dem Handeln der Jüngeren ist so alt wie unsere Geschichtsschreibung. Tatsächlich neu ist, dass die Klagen der Jüngeren nun derart drastische Folgen für (einige) der Älteren haben. Denn das Erstaunlichste an diesen Vorgängen ist, dass die – zudem oft anonym vorgebrachten – Beschwerden einiger schwächerer Studenten oder Nachwuchswissenschaftler auf offene Ohren bei der Hochschulleitung stoßen. Dies erklärt sich einerseits dadurch, dass die Universitäten seit der Entlassung in die »Autonomie« und dem radikalen Umbau zu einer unternehmerischen Hochschule ihre Studenten zunehmend als Kunden begreifen, deren Wünschen Genüge getan werden müsse. Andererseits kommt es einer Hochschulleitung unter Umständen gerade recht, diese Behauptungen über einen Machtmissbrauch einer Professorin in ihrem Sinne zu nutzen, um etwaige Ressourcenprobleme oder anders gelagerte Konflikte innerhalb der Universität oder Forschungseinrichtung zu lösen. Um etwaigen Missverständnissen vorzubeugen: Machtmissbrauch ist tatsächlich ein Thema in der Wissenschaft, für das Lösungen gesucht werden müssen. Professoren allerdings unter einen Generalverdacht des Machtmissbrauchs zu stellen, schüttet das Kind mit dem Bade aus. Und gibt den Hochschulleitungen einen Hebel in die Hand, sich missliebiger Professoren schnell und leichtfertig zu entledigen. Unzufriedene Nachwuchswissenschaftler lassen sich schließlich leicht finden. Aufgrund unserer Beobachtungen könnte man zugespitzt sagen, dass es sich hier um Mobbing mit dem Mobbing-Vorwurf handelt. Thomas Sattelberger nennt dies die Möglichkeit des »Missbrauchs des Machtmissbrauchs«[71] als neue Praxis im Umgang mit Konflikten in der Wissenschaft. Wenn dies zu einer Entlassung oder Degradierung einer Professorin oder Professors führt, dann stellt dies einen leichtfertigen Grund dar, der gleichzeitig ein echter Angriff auf die Wissenschaftsfreiheit ist.

5 Phase II: Vorwurf ideologische Unbotmäßigkeit

Im Jahr 2021 tauchten erstmals Fälle auf, in denen Professorinnen oder Professoren allein durch eine Meinungsäußerung zu einem Thema, das nicht einer tatsächlichen oder angenommenen Mehrheitsmeinung entspricht, in existenzielle Bedrängnis geraten sind. Derartige Begründungen fassen wir unter die Kategorie *ideologische Unbotmäßigkeit*. Der Bezug zur Mehrheitsmeinung deutet bereits an, dass sich die Themen, um die es in diesen Fällen geht, an einer aktuellen politisierten Debatte orientieren. In den uns bekannten Fällen geht es konkret um Genderfragen inklusive der Diskussion um transfeindliche Narrative, es geht um Migration inklusive der Diskussion um Islamophobie und Rassismus, es geht um die Pandemiepolitik inklusive der Frage nach Demokratie und Rechtsstaatlichkeit, und es geht um die Kriege in der Ukraine und im Nahen Osten inklusive der Fragen nach diplomatischen Lösungen und Antisemitismus. Mittlerweile (Stand Mitte 2024) zählen wir neun Fälle dieser Kategorie in unserer Studie. Allein schon der Umstand, dass ein Professor aufgrund einer Meinungsäußerung mit dem Verlust des Amtes sanktioniert werden kann, deutet auf eine weitgehende Aushöhlung der Meinungs- und Wissenschaftsfreiheit hin. Dies wiederum verdankt sich dem Versuch der Sicherung einer Ideologie, die weder Widerspruch noch von ihr abweichende Perspektiven dulden kann.[72]

Unverblümte Eingriffe in die Wissenschaftsfreiheit

Die Notwendigkeit für diese neue Kategorie markiert für uns den Eintritt in eine neue Phase. Während in Phase I die Praxis der Entlassung von Professoren aus leichtfertigen Gründen als Normalität etabliert wurde, erfolgt der Eingriff in die Meinungs- und Wissenschaftsfreiheit nun völlig unverblümt – eben auch bei Professoren. Möglich wurde dies einerseits dadurch, dass sich die Diskurskorridore in politisch aufgeheizten Themenfeldern zunehmend so verengt haben, dass es bereits 2021 fast als selbstverständlich galt, dass bestimmte Meinungen als störend empfunden werden und gar nicht mehr geäußert werden dürfen. Dass dazu nun auch die Entfernung von Professorinnen und Professoren gehören kann, ist andererseits dem Umstand geschuldet, dass die Entlassungen und Degradierungen in Phase I auf keinerlei Widerstand trafen. Weder gab es lautstarke Proteste vonseiten der Kollegenschaft, den Berufsverbänden der Professoren oder der Hochschulpolitik noch irgendeine Art von Unterstützung für die entfernten Professorinnen und Professoren. Bei einer Entlassung, die mit einem persönlichen Fehlverhalten eines Professors begründet wird, scheint es schwer, Unterstützung zu erhalten. Wird der Fehler so offensichtlich im persönlichen Verhalten verortet, scheint die Schuldfrage ganz eindeutig. Da hilft es selbst nicht, wenn Kollegen beobachten können, dass eine Entlassung mithilfe von Verfahren erfolgt, die auch für sie eine verblüffende Rechtsstaatslosigkeit an den Tag legt. Die Zuschreibung des Entlassungsgrundes in das persönliche Fehlverhalten reicht aus, um etwaige Zweifel nicht weiterzuverfolgen. Wer möchte sich schon mit jemandem solidarisieren, der vermeintlich Doktoranden mobbt und Mitarbeiter drangsaliert? Der Bezug zu Fragen der Wissenschaftsfreiheit stellt sich an dieser Stelle überhaupt nicht, ja er erscheint sogar widersinnig. Freiheitsgarantien für persönlich schuldhaftes Versagen einzufordern – das klingt absurd. Aus diesen Gründen schließen wir, dass Phase II nur dadurch möglich geworden ist, weil sich die Dinge in Phase I so entwickelt haben, wie sie es taten. Der Vorwurf an einen Professor, einer falschen Meinung schuldig zu sein, und deswegen begründet entlassen werden zu können, fügt sich so nahtlos in andere Vorwürfe schuldhaften persönlichen Fehlverhaltens ein. Wer wollte dem widersprechen? Zumal, wenn in einer Solidaritätserklärung der Vorwurf einer *Kontaktschuld* lauern könnte?

Verratene Gewissheiten

Für die mit einer ideologischen Unbotmäßigkeit bezichtigten Kollegen kommt der Vorwurf meist völlig überraschend. In einem Fall hat ein Professor lediglich die bisherige medizinische Lehrmeinung weiter vertreten, die aus politischen Gründen ab einem bestimmten Zeitpunkt plötzlich nicht mehr gelten sollte. Ähnlich gelagert ist ein Fall, in dem einer Kollegin vorgeworfen wurde, dass sie »in den sozialen Netzwerken über die Sinnhaftigkeit einer auf körperlichen Merkmalen basierenden Geschlechtsunterscheidung im internationalen Recht geschrieben hatte«.[73] Auch sie hatte lediglich bislang gültige juristische Grundlagen formuliert, die plötzlich nicht mehr gelten sollten. In einem anderen Fall hatte ein Professor Texte in einem Seminar zur Diskussion gestellt, von denen die Studenten der Meinung waren, dass diese eine unangemessene Sichtweise vertreten. Ihre Beschwerde bei der Hochschulleitung führte zunächst zu einer Abmahnung und im weiteren Verlauf zur Entlassung des Professors.

Auffällig ist, dass die inkriminierten Äußerungen oft gar nicht im Umfeld von Lehre und Forschung getätigt wurden, sondern im öffentlichen Diskurs: Hier äußern sich die meisten Menschen aber in erster Linie als Privatpersonen und vertreten ihre jeweils persönliche Meinung zu in der Gesellschaft kontrovers gesehenen Themen. Bei Professoren wird daraus dann schnell ein Skandal. In einem Fall reichte der Vorwurf der bereits erwähnten *Kontaktschuld* der Hochschulleitung aus, um einen Kollegen an den Verfassungsschutz zu melden und ihn mit einem Disziplinarverfahren zu überziehen; interessanterweise gehören die Kontaktschuld erzeugenden Akteure dabei sowohl einem als links wie auch einem als rechts eingeschätzten Bereich an.

Die Rolle der Medien

War die Rolle der Medien in Phase I eher nachgeordnet, spielen sie in jenen Fällen, in denen es um ideologische Unbotmäßigkeit geht, eine aktive Rolle:[74] Bei den meisten Fällen lässt sich diese Abfolge beobachten: Ein Medienvertreter skandalisiert die Position eines Professors, die Studentenvertretung der Universität (in Deutschland meist der AStA) wird aktiv und setzt die Hochschulleitung unter Druck, die dann vor der Wahl steht, entweder im Sinne des AStAs und der Medien oder im Sinne der Wissenschaftsfreiheit zu agieren. Aber auch in den wenigen Fällen, in denen die Beschwerde über einen Professor aufgrund seiner vermeintlich falschen Meinung von Studenten ausging, greift sie auf eine medial verbreitete Mehrheitsmeinung zurück. Nur so können sie sicher sein, mit ihrer Beschwerde auf der richtigen Seite zu stehen. Diese Gewissheit wiederum scheint für die aktuellen Studenten, meist Vertreter der Generation Z, unabdingbar. Die Skandalisierung der Äußerungen eines Professors braucht daher notwendigerweise die Medien als Schützenhilfe (siehe das *Professor-Kokolores-Narrativ* in Kapitel 7).

Gefühle statt Argumente

Die Muster der Beschwerden, die zum Vorwurf der ideologischen Unbotmäßigkeit gegenüber Professoren führen, ähneln denen, in denen der Vorwurf Führungsfehlverhalten lautet: Man befürchte, dass es zu »diskriminierenden und verletzenden Äußerungen«[75] kommen könne oder dass sich bestimmte Gruppen »an der Universität »nicht ausreichend willkommen fühlen«.[76] Erneut stehen somit Gefühle im Mittelpunkt, etwas, das man letztlich »nicht anfechten kann«.[77] Das allein macht es für Professoren schon schwierig, sich gegen die vorgebrachten Vorwürfe zur Wehr zu setzen. Wie soll man eine Diskussion führen, wenn das Gegenüber keine Argumente liefert? Wenn es die Existenz von Fakten negiert, weil angeblich alles eine Meinung sei, oder eine Interpretation von Fakten nicht als solche erkennt? Oder wenn das Gegenüber schlicht jede vom Diskussionspartner geäußerte Meinung zu einem falschen Fakt erklärt und ihm deswegen auch gleich das Rederecht absprechen will?[78]

In einer Verabsolutierung des eigenen Gefühls sehen sich ihre Vertreter berechtigt, Grundsätze aufzustellen, an die sich alle anderen zu halten haben, ungeachtet jeglicher rationaler Argumente, die ihren Geboten entgegenstehen. Wer sich den neuen Geboten verweigert, wird zum Feind, der im Zweifel »ein rechtsextremes Narrativ«[79] bedient. Erhält auf diese Weise auch an den Universitäten das »Bekenntnis den Vorrang vor Erkenntnis«,[80] ist die Folge naheliegend, dass Gefühle und Fakten in einer Gemengelage verschwinden, in der das eine nicht mehr vom anderen unterschieden werden kann. Nur so ist zu erklären, dass mittlerweile ein reiner Vorwurf ausreicht, um die Karriere eines Professors zu beenden. So zieht sich das fassungslose Erstaunen darüber, dass bei der Bearbeitung von Vorwürfen durch die Hochschulleitung eine studentische *Behauptung* übernommen und im weiteren Verlauf als *Tatsache* behandelt wird, während die Sichtweisen anderer keine Berücksichtigung finden, wie ein roter Faden durch nahezu alle der von uns beobachteten Fälle. Rationalität und Argumentation scheinen nicht mehr notwendig.

Versuch einer Einordnung: Bildungsleitlinien früher

Den Verlust der Fähigkeit zur Argumentation, der sich hier besonders im Bildungswesen zeigt, haben wir als Gesellschaft in Teilen selbst produziert, und zwar durch die Bildungspolitik. Um das zu verstehen, kehren wir noch einmal an das Ende der 1970er-Jahre zurück. Als Antwort auf die Befürchtung eines sich an parteipolitisch motivierten Vorgaben ausrichtenden Schulfachs *Politische Bildung* sowie auf die tatsächliche oder nur vorgestellte Nähe der politischen Bildung zu Forderungen der 68er-Bewegung wurde auf einer von der *Landeszentrale für Politische Bildung Baden-Württemberg* organisierten Tagung der *Beutelsbacher Konsens* formuliert. Er sollte als Leitlinie für alle Schulfächer, die in irgendeiner Form politische Bildung erbringen, dienen und benennt drei Prinzipien, die eine ausgewogene politische Bildung garantieren sollen: Das erste Prinzip ist das *Überwältigungsverbot*, das es Lehrern verbietet, Schülern eine politische Meinung aufzudrängen. In diesem Sinne wäre es beispielsweise nicht gestattet, Schüler zu animieren, sich in Regenbogenfarben gekleidet vor dem Petersdom zu positionieren, um ein »deutliches Zeichen für sexuelle Vielfalt«[81] zu setzen. Das zweite Prinzip ist das *Kontroversitätsgebot*, das verlangt, dass Themen, die in der Gesellschaft kontrovers diskutiert werden, auch im Unterricht kontrovers dargestellt werden müssen. Hinsichtlich der Bewertung des Ukraine-Krieges müssten demnach sowohl die westliche als auch die russische und bestenfalls auch noch andere geopolitische Positionen dargestellt werden. Das dritte Prinzip betrifft die Entwicklung der *Mündigkeit*: Der Schüler soll lernen, seine eigenen Interessen im politischen

Kontext analysieren zu können. Er soll beispielsweise für sich erörtern können, ob eine Verteuerung von Energie durch eine CO_2-Abgabe in seinem Interesse ist oder nicht. Eventuell entstehende moralische Dilemmata können und sollen dabei dargelegt und diskutiert werden.

Die Grundlage für diesen Konsens waren sowohl die in den Landesverfassungen oder Schulgesetzen fast aller Bundesländer ähnlich formulierten *allgemeinen Erziehungsziele* als auch ein Unterricht, der sich weitgehend an *Sachthemen* orientierte. Zu den allgemeinen Erziehungszielen gehören beispielsweise »Sachlichkeit und Duldsamkeit gegenüber den Meinungen anderer«[82] oder die »Erziehung zum eigenen Denken, zur Achtung vor der Wahrheit, zum Mut, sie zu bekennen und das als richtig und notwendig Erkannte zu tun«.[83] Daneben gibt es Ziele mit Blick auf das Zusammenleben, etwa den Willen »zur friedlichen Zusammenarbeit mit anderen Menschen und Völkern«.[84] Die Sachthemen waren in den Rahmenlehrplänen festgelegt und orientierten sich an den Erkenntnissen der Wissenschaft. Anders als heute wurden die Abiturklausuren von den Lehrkräften konzipiert, die den Kurs auch unterrichteten. Sie setzten das vermittelte Wissen als bekannt voraus.

Das politische Handeln der Schüler fiel dagegen in ihren Privatbereich, der von den Lehrern nicht angetastet werden sollte. Eine der Autorinnen erinnert sich gut daran, dass es in ihrer Schulzeit (Anfang der 1980er-Jahre) Schülerdemonstrationen gab, die während der Unterrichtszeit stattfanden. Die Demonstrationen richteten sich gegen eine Entscheidung zur Oberstufenreform. Die Lehrer hatten dazu eine klare Haltung: »Wir finden es gut, dass ihr demonstriert, aber es liegt in eurer Verantwortung. Ihr müsst selbst entscheiden, ob ihr die unentschuldigten Fehlstunden für den Zweck riskieren wollt. Wir werden Unterricht abhalten, sobald nur ein Schüler im Klassenraum auftaucht. Falls niemand erscheint, kommen wir vielleicht mit dem Fahrrad nach.« Das war nicht nur eine rechtlich korrekte, sondern auch pädagogisch eine sinnvolle Aussage: Die 16- oder 17-jährigen Schüler wurden zur Selbstbestimmung ermuntert, also zur Mündigkeit erzogen.

Bildungsleitlinien heute

Schon die Beispiele zu den drei Prinzipien des Beutelsbacher Konsenses zeigen, dass sich inzwischen einiges verändert hat: Ganz selbstverständlich werden Schüler durch ihre Lehrer dazu animiert, T-Shirts in Regenbogenfarben zu tragen; die Ukraine-Flagge prangt auf den Homepages von Schulen;[85] ebenso wie die Berechnung des eigenen ökologischen Fußabdrucks zum Schulalltag gehört, mit dem formulierten Ziel, dass die Schüler ihn verringern, statt dessen Konzeption verstehen und kritisch diskutieren zu können.[86] Auch der Umgang mit Demonstrationen hat sich verändert: Bei den Fridays-for-Future-Demonstrationen wurde ernsthaft diskutiert, ob Schulen ihre Schüler dafür freistellen können.[87] Damit wird die Entscheidung über eine Demonstrationsteilnahme nicht mehr von den Schülern gefällt, sondern von der Schulleitung: Demo gegen rechts – ja; Friedensdemo oder Demo für Frauenrechte – nein. Das ist keine Erziehung zum mündigen Bürger mehr, sondern *Überwältigung* im Sinne des Beutelsbacher Konsenses und letztlich eine Erziehung zum Mitläufertum.

Diese Beobachtungen deuten darauf hin, dass sich die beiden Grundlagen, die eine Implementierung des Beutelsbacher Konsenses möglich machten (allgemeine Erziehungsziele und Unterricht zu Sachthemen), nahezu verschwunden oder jedenfalls so weit erodiert sind, dass es für Lehrer immer schwieriger wird, die Prinzipien des Konsenses zu verwirklichen, sofern sie das überhaupt noch wollen. Was hat sich also geändert?

Hinsichtlich der allgemeinen Erziehungsziele lässt sich beobachten, dass sie heute an vielen untergeordneten Stellen, etwa in den Curricula, durch konkret formulierte Bildungsziele eingeengt und damit letztlich deutlich relativiert werden. Im Berliner Rahmenlehrplan beispielsweise werden »Bildung zur Akzeptanz von Vielfalt (Diversity)«, »Interkulturelle Bildung und Erziehung«, »Nachhaltige Entwicklung« oder »Bildung zur sexuellen Selbstbestimmung« als übergreifende Themen geführt, die in allen Schulfächern berücksichtigt werden sollen. Zur interkulturellen Bildung gehört dabei etwa die

> »Fähigkeit, die eigenen Bilder von anderen kritisch zu hinterfragen sowie gesellschaftliche Rahmenbedingungen für die Entstehung solcher Bilder zu kennen und zu reflektieren. In der Auseinandersetzung mit anderen Kulturen, Weltanschauungen, Religionen und unterschiedlichen Traditionen werden eigene Standpunkte und Werte relativiert«.[88]

Mit dieser Aussage wird zunächst unterstellt, dass die Schüler (und auch die Gesellschaft) problematische Bilder von anderen haben, was längst nicht ausgemacht ist. Sodann werden die Schüler aufgefordert, die eigenen Standpunkte und Werte zu relativieren, wobei offenkundig eine *richtige* Sichtweise unterstellt wird, die der Schüler zu lernen hätte, sollte er anderer Ansicht sein. Eine solche Aufforderung ist nicht dazu geeignet, beispielsweise die zuvor genannte »Erziehung zum eigenen Denken, zur Achtung vor der Wahrheit, zum Mut, sie zu bekennen und das als richtig und notwendig Erkannte zu tun«, zu fördern.

Kompetenzen ersetzen Sachthemen

Auch die Orientierung des Unterrichts an Sachthemen spielt keine Rolle mehr: Sie wurden, wie bereits im letzten Kapitel erwähnt, seit dem PISA-Schock im Jahr 2000 sukzessive durch sogenannte Kompetenzen ersetzt. Die im deutschen Sprachraum am häufigsten genutzte Definition hierzu lautet: Kompetenzen sind

> »die bei Individuen verfügbaren oder durch sie erlernbaren kognitiven Fähigkeiten und Fertigkeiten, um bestimmte Probleme zu lösen, sowie die damit verbundenen motivationalen, volitionalen und sozialen Bereitschaften und Fähigkeiten, um die Problemlösungen in variablen Situationen erfolgreich und verantwortungsvoll nutzen zu können«.[89]

Neben den Fähigkeiten und Fertigkeiten *bestimmte,* also letztlich bereits vorgegebene Probleme lösen zu können, sind hier die Motivation, der Wille und die soziale Bereitschaft des Schülers gefragt, diese gewünschten Problemlösungen auch anzustreben. An welchen Sachthemen diese Kompetenzen erlernt werden, soll dabei sekundär sein. Dies jedoch erzeugt *leere* Kompetenz, da die Möglichkeit des Rückgriffs auf Wissen über ein Sachthema fehlt. Der Biologie-Didaktiker Hans Peter Klein hat nachgewiesen, dass die heutigen zentral gestellten Abiturklausuren auch von Neuntklässlern bestanden werden können,[90] weil die Schüler lediglich über Lesekompetenz verfügen müssen. Die zur Beantwortung der Fragen notwendigen Inhalte werden allesamt im beigefügten Material mitgeliefert.

Angesichts dieser fundamentalen Veränderungen der Rahmenbedingungen lässt es einen allenfalls noch kurz stutzen, wenn in einem aktuellen Beitrag zur Politischen Bildung ernsthaft vorgebracht wird, dass der Beutelsbacher Konsens in Bezug auf das Thema Klimawandel keine Gültigkeit mehr habe.[91] Um zu dieser Behauptung zu kommen, wurden allerdings nicht, wie es der Beutelsbacher Konsens vorsieht, verschiedene Argumente zum Thema Klimawandel referiert und gegenübergestellt, sondern es wurde konstatiert, dass Klimawandelleugner sich vor allem in rechten Parteien fänden, die ihrerseits verfassungswidrig seien, weswegen ihre Standpunkte vom Beutelsbacher Konsens nicht gedeckt seien[92] und dieser mithin keine Anwendung fände. Damit wird nun auch in der wissenschaftlichen Literatur der Übergang der Vernunft zur Haltung vollzogen, der dafür sorgt, dass es als Störung wahrgenommen wird, wenn Professoren das tun, was ihre ureigenste Aufgabe ist: Dinge zu beobachten, Erklärungen zu liefern und zu hinterfragen, Erkenntnislücken zu benennen.

Erneut: Eine Frage der Generationen?

Auch der Vorwurf der ideologischen Unbotmäßigkeit erweist sich somit – zumindest in Teilen – als ein Generationenproblem: Gerade ältere Professorinnen und Professoren sind in einer Zeit aufgewachsen, als die Erziehung zur Mündigkeit ganz groß geschrieben wurde: Sie haben sich früh im Debattieren geübt und fühlen sich der Vernunft verpflichtet (wir rufen noch einmal das Sujet »des Professors« in Erinnerung). Die Generation Z ist die erste Generation, die über ihre komplette Schulzeit mit den neuen Regelungen im Bildungswesen konfrontiert war. Die Vertreter dieser Generation stellen die derzeitige Studentenschaft, was erklären könnte, warum Vorwürfe der ideologischen Unbotmäßigkeit regelmäßig von den studentischen Fachschaften oder vom AStA vorangetrieben werden. Diese jungen Menschen sind in ihrer bisherigen Bildungskarriere mit der Vorstellung und dem Anspruch aufgewachsen, dass es gilt, Probleme zu lösen (auch wenn diese meist von außen vorgegeben werden), und dass es wichtig ist zu handeln (wichtiger jedenfalls, als zu wissen oder zu denken). Entsprechend leiten sie die Berechtigung für ihre Forderungen nicht so sehr aus Überlegungen zu ihren eigenen Interessen ab, sondern lassen sie *von oben* (der Hochschulleitung) oder *der Mehrheit* (real oder imaginiert) legitimieren. Sie sind, zugespitzt formuliert, eine Generation der Mitläufer, denen es zentrales Anliegen ist, genau zu wissen, was das *Richtige* ist, und dem zu entsprechen. Das gilt selbstverständlich nicht für alle Angehörigen der Generation (allein schon weil Eltern und Lehrer sich nicht alle auf Befehl verändern), aber es gilt sicherlich für jenen politisch aktiven Teil, der heute von anderen immerzu die *richtige* Haltung und *richtiges* Verhalten einfordert, damit sie selbst sich sicher, geschützt und anerkannt fühlen. Meinungsvielfalt und kontroverse Perspektiven gilt es dabei auszuschalten.

6 Zur Rechtsstaatlichkeit der Verfahren

Die beiden letzten Kapitel werfen die Frage auf, wie derart windige Begründungen zu der Entfernung von Professorinnen und Professoren führen können. Auf welche Weise wurden die Vorwürfe intern geprüft? Wie wurden die Entscheidungen letztlich getroffen? Hinsichtlich ihrer Vertrauenswürdigkeit genießen die Leitungen von Hochschulen und Forschungseinrichtungen vielerorts nach wie vor einen guten Ruf – sind es doch Institutionen, die sich der Wahrheitsfindung verschrieben haben. Da liegt die Vermutung nahe, dass es bei der Prüfung etwaiger Vorwürfe sicher *mit rechten Dingen* zugehen wird. Diese Unterstellung speist sich auch aus dem allgemeinen Vertrauen in institutionelle Verfahren in einer demokratischen Gesellschaft. Ungeachtet der durchaus unterschiedlichen Verfahren, die sich in verschiedenen demokratischen Staaten finden, vereint sie etwas, aus dem heraus ein Grundvertrauen in die *Verfahrensweisen* erwächst. Das Zauberwort, aus dem sich dieses Grundvertrauen ableitet, lautet »Rechtsstaatlichkeit«. Allerdings ist genau diese Grundfeste demokratischer Gesellschaften derzeit in Erosion begriffen, wie sich in vielen Bereichen staatlichen Handelns beobachten lässt. So scheint es mittlerweile notwendig, in Erinnerung zu rufen, dass »es zu den Grundsätzen der Rechtsstaatlichkeit [gehört], dass von staatlichen Maßnahmen Betroffene zuvor ein Recht auf Anhörung haben«, wie Mathias Brodkorb[93] in seiner Auseinandersetzung mit dem deutschen Verfassungsschutz schreibt. Die Ergebnisse unserer Studie zeigen, dass sich die Universitäten und Forschungseinrichtungen mit der Art und Weise ihres Umgangs mit Vorwürfen, die zur Entfernung von Professorinnen und Professoren führen, in diese Erosion zivilisatorischer Errungenschaften nahtlos einreihen.

Wann ist ein Verfahren rechtsstaatlich?

Ein Verfahren – ob nun vor Gericht, in einer Behörde oder an einer Hochschule – gilt dann als rechtsstaatlich, wenn es grundlegende Prinzipien der Rechtsstaatlichkeit erfüllt. In unserer Erhebung legen wir folgende acht Prinzipien[94] zugrunde und erfragen mittels Fragebogen,[95] in welchem Ausmaß diese Prinzipien im Rahmen des Verfahrens, das der Entlassung oder Degradierung vorausging, beachtet wurden:

- Fairness
- Transparenz
- Vertraulichkeit
- Unschuldsvermutung
- Recht auf Anhörung
- Recht auf schriftliche Stellungnahme
- Recht auf Konfrontation mit Beschwerdeführern
- Recht auf Rechtsbeistand

Die Eindeutigkeit der Antworten unserer Studienteilnehmer auf diese Frage hat uns selbst sehr überrascht. Sie stellen den Universitäten und Forschungseinrichtungen bei der Beachtung dieser eigentlich im menschlichen Miteinander selbstverständlichen Prinzipien ein katastrophales Zeugnis aus. Das zeigt sich bereits daran, dass wir die Ergebnisse nur über die Zustimmungswerte zum negativen Extremwert (»trifft überhaupt nicht zu«) ausdrücken können, da der Positivwert (»trifft voll und ganz zu«) nur bei wenigen Rechtsstaatsprinzipien überhaupt ein Ergebnis aufweist. Im Folgenden erläutern wir die einzelnen Prinzipien der Rechtsstaatlichkeit im Kontext unserer Studienergebnisse. Manche der Prinzipien sind relativ leicht objektivierbar, das heißt, sie lassen sich in einem wissenschaftlichen Sinne überprüfen. So ist es beispielsweise relativ einfach festzustellen, ob eine schriftliche Stellungnahme oder eine Konfrontation mit Beschwerdeführern stattgefunden hat oder eben nicht. Andere Prinzipien geben dagegen stärker eine subjektive Einschätzung wieder.[96]

Eher objektivierbare Prinzipien der Rechtsstaatlichkeit

Das *Recht auf schriftliche Stellungnahme* setzt voraus, dass die Vorwürfe, zu denen Stellung genommen werden soll, bekannt sind. Jedem ist zudem einsichtig, dass für die Antwort auf Vorwürfe ausreichend Zeit eingeräumt werden muss, damit der Betroffene diese verstehen, die Situation rekonstruieren und gegebenenfalls Belege für die Antwort beschaffen kann. Das ist nicht nur dann schwierig, wenn ein Beschwerdeführer anonym bleibt, sondern auch in solchen Situationen, in denen von der Universitätsverwaltung Sachverhalte konstruiert werden, die mit den üblichen Abläufen im universitären Arbeitsalltag wenig bis nichts zu tun haben. So wurde ein Professor aufgrund des Vorwurfs, einen Antrag an der falschen Stelle in der Bürokratie der Universität abgegeben zu haben (etwas, das man auch leicht hätte korrigieren können), entlassen. Vor Gericht konnten dann aber verschiedene Vertreter der Universitätsverwaltung selbst nicht angeben, welche Stelle die richtige für die Abgabe gewesen wäre. Wie soll der Professor dazu sinnvoll Stellung beziehen? Abgesehen von diesen inhaltlichen Schwierigkeiten, gaben insgesamt 59 Prozent der Befragten an, dass ihnen gar kein Recht auf schriftliche Stellungnahme in ihrem Verfahren eingeräumt wurde.

Das *Recht auf einen Rechtsbeistand* bezieht sich auf alle Gespräche, die das eigene Dienstverhältnis betreffen. Lädt die Hochschulleitung zu einem Personalgespräch, ist sie daher verpflichtet, dies aufgrund der möglichen Rechtsfolgen als solches anzukündigen, damit das Recht auf einen Rechtsbeistand in Anspruch genommen werden kann. Vielfach hörten wir in unseren Interviews, dass Personalgespräche als Gespräche über das Studienfach oder eine andere Sachfrage angekündigt wurden, sodass den betroffenen Professoren der Zweck des Gesprächs erst im Nachhinein deutlich wurde. Damit wird das Recht auf Rechtsbeistand ausgehebelt. 65 Prozent der Befragten sahen dieses Prinzip der Rechtsstaatlichkeit in ihrem Verfahren verletzt. Mehrfach wurde uns berichtet, dass gerade im Kontext der Einleitung eines Verfahrens mit dem Ziel der Entfernung aus dem Dienst Nicht- und Falschinformationen üblich waren. So werden beispielsweise in unterschiedlichen Kontexten nebulöse Andeutungen gestreut, dass es »ein Problem« gäbe, über das einmal zu sprechen sei; auf Nachfrage wird es dann nicht konkretisiert, sondern als unbedeutend abgetan. Die Beunruhigung bleibt, Versuche einer Klärung laufen ins Leere.

Das *Recht auf Anhörung* ist ein so selbstverständlich erscheinendes Grundprinzip, das allerdings an Hochschulen aufgrund der internen Verfasstheit der Institutionen nicht immer leicht durchzusetzen ist, da mit einer möglichen Entlassung hintereinander verschiedene Gremien befasst sein können. So wird ein beschuldigter Professor eventuell noch im untersten Gremium (beispielsweise dem Fakultätsrat) angehört. Dort kann er dann zwar seine Sicht darstellen, aber bereits im nächsthöheren Gremium (vielleicht dem Senat) wird diese Sicht regelmäßig von jemand anderem berichtet; wer Universitäten kennt, wird ahnen, dass diese Rolle mit einer gewissen Wahrscheinlichkeit von einem Gegenspieler übernommen wird. Eine tatsächliche Anhörung und somit eine umfassende Abwägung aller Seiten ist damit nicht mehr möglich. Das Recht auf Anhörung wird auch dann ad absurdum geführt, wenn der Betroffene zwar die Möglichkeit hat, seinen Standpunkt vor einem Gremium darzulegen und entsprechende Nachfragen zu beantworten, dann aber bei der Anhörung der Gegenseite ausgeschlossen wird, weil das Gremium angeblich nicht öffentlich tagen würde. Mit diesem Ausschluss wird gleichzeitig das Recht auf Konfrontation mit eventuellen Beschwerdeführern missachtet. Vor dem Hintergrund dieser Praktiken verwundert es wenig, dass 76 Prozent der Befragten angaben, dass ihnen kein Recht auf Anhörung eingeräumt wurde.

Das *Recht auf Konfrontation mit Beschwerdeführern* ist insbesondere, aber nicht nur, in solchen Fällen relevant, in denen es um den Vorwurf eines Führungsfehlverhaltens geht. Dabei stehen oftmals Mobbing-Vorwürfe im Raum, nach denen beispielsweise eine Professorin alleine viele Mitarbeiter gemobbt haben soll. Derartige Vorwürfe werden in der Regel anonym und zudem eher als allgemeine Aussage vorgebracht, also ohne konkrete Nennung von Tat, Ort, Zeit und Kontext. Um sinnvoll auf einen derartigen Vorwurf antworten zu können, müsste der eines Mobbings Beschuldigte aber wenigstens wissen, was er wann zu wem gesagt oder welche Handlung er wann in welchem Kontext vorgenommen haben soll. Erst wenn ein Vorwurf konkretisiert worden ist, wird es überhaupt möglich festzustellen, ob es die monierten Aussagen oder Handlungen tatsächlich gegeben hat und ob sie herabwürdigend oder in einer anderen Art und Weise verletzend waren. 81 Prozent der Befragten gaben an, dass ihnen das Recht auf Konfrontation mit Beschwerdeführern nicht zugestanden wurde.

Erneut Doppelstandards: Unterschiede zwischen Männern und Frauen

Bei der Einschätzung der Beachtung der eher objektivierbaren Prinzipien in den Verfahren zeigen sich erneut Unterschiede zwischen Männern und Frauen: Der Anteil der Frauen, die angaben, dass das jeweilige Prinzip in ihrem Verfahren nicht beachtet wurde, lag bei allen vier Prinzipien zwischen 15 und 25 Prozentpunkten höher als der Anteil der Männer, die zur gleichen Einschätzung kamen. Dieses Resultat einer Andersbehandlung von Frauen korrespondiert mit den Ergebnissen einer britischen Studie, in der beobachtet wurde, inwieweit Richter in Verfahren gegen einen ablehnenden Asylbescheid die vorgeschriebenen Verfahrensschritte einhalten. Dabei zeigte sich, dass sowohl Richter als auch Richterinnen die Verfahrensregeln bei Asylbewerbern strenger einhalten als bei Asylbewerberinnen.[97] Auf dieser Grundlage lässt sich vermuten, dass die Ergebnisse unserer Studie nicht allein auf Wahrnehmungsunterschiede zwischen den Geschlechtern zurückzuführen sind, sondern eher auf die bereits andernorts beobachteten Doppelstandards hindeuten.

Bei den im Folgenden zu behandelnden stärker subjektiv wahrgenommenen Prinzipien ist der Unterschied nicht ganz so deutlich. Er lässt sich lediglich bei zwei Prinzipien (*Vertraulichkeit* und *Transparenz*) finden. Die beiden letzten Prinzipien zeigen ein anderes Muster: Beim Prinzip der *Fairness* schrumpft der Abstand auf einen unbedeutenden Unterschied: 96 Prozent der Frauen gegenüber 92 Prozent der Männer. Bei dem Prinzip der Unschuldsvermutung dreht sich das Verhältnis sogar um: Hier waren die Männer geschlossen der Meinung (100 Prozent), dass sie von vornherein als schuldig galten, während dies »nur« 85 Prozent der Frauen angaben.

Stärker subjektiv wahrgenommene Prinzipien der Rechtsstaatlichkeit

Das *Prinzip der Vertraulichkeit* erscheint als so selbstverständlich, insbesondere in personalrechtlichen Verfahren und vor dem Hintergrund des ungeheuren Aufwandes, der bezüglich des Datenschutzes in Europa betrieben wird, dass es schlicht als gegeben vorausgesetzt werden müsste. Dennoch sagten 69 Prozent unserer Befragten, dass in ihrem Verfahren das Prinzip der Vertraulichkeit nicht gewahrt wurde. So gaben etwa verschiedene Hochschulleitungen Informationen aus dem Verfahren zulasten des beschuldigten Professors an die Presse oder informierten öffentlich über Entscheidungen, bevor die betroffene Person selbst davon unterrichtet wurde. In der Regel durften jene, die sich über ein vermeintliches Mobbing beschweren, anonym bleiben und genossen dadurch absolute Vertraulichkeit, während die Vorwürfe gegen die beschuldigte Professorin öffentlich und unter Namensnennung diskutiert wurden, ohne dass es eine Möglichkeit der Stellungnahme gab, da die Konkretisierung der Vorwürfe fehlte. Die übliche Dynamik des Hörensagens treibt dann ein Verfahren schnell in eine Richtung, die allen – außer dem Betroffenen – eine Sachverhaltsaufklärung überflüssig erscheinen lässt. In einigen Fällen wurde die Vertraulichkeit dahingehend ausgelegt, dass die Tatsache, dass hochschulintern gegen die Professorin oder den Professor *ermittelt* wurde, vor den von der Ermittlung Betroffenen geheim gehalten wurde. Wenn dann auch noch lediglich jene Mitarbeiter befragt werden, die mit der Situation unzufrieden sind, die Meinung jener, die zufrieden sind, dagegen selbst dann nicht gehört wird, wenn diese ausdrücklich um ein Gespräch bitten, stellt sich auch die Frage der Fairness nicht mehr.

Das *Prinzip der Transparenz* lässt sich daran prüfen, ob das zum Einsatz gebrachte Verfahren und die einzelnen Verfahrensschritte allgemein bekannt und anerkannt sind, in anderen Worten: ob das Verfahren in Gesetzen, Verordnungen oder Satzungen kodifiziert ist. Ebenso geht es um die Frage, ob die *Kriterien* bekannt und anerkannt sind, nach denen in den einzelnen Verfahrensschritten eine Entscheidung erfolgt. Beides ist notwendig, um vor willkürlichen Anforderungen und Beurteilungen geschützt zu sein.

Wird beispielsweise von einer Professorin aus heiterem Himmel verlangt, Berichte über ihre eigene Tätigkeit zu schreiben, von denen vorher nie die Rede war und die von keinem anderen Professor in einer vergleichbaren Position an der gleichen Universität je gefordert worden waren, handelt es sich um ein willkürliches Verfahren, das damit unwillkürlich intransparent bleibt. Gleiches gilt für vorgeschobene Entlassungsgründe, die den eigentlichen Konflikt oder die eigentlichen Motive dahinter im Dunkeln lassen und es damit erschweren, sich gegen die Entlassung zu wehren. Wenn zum Beispiel eine öffentliche Äußerung eines Professors, die von der Meinungs- und Wissenschaftsfreiheit gedeckt ist, für mediale Aufregung und eine Distanzierung der Universität per Pressemitteilung sorgt, der Entlassungsgrund dann aber auf Plagiat lautet. Oder wenn es um die Aufdeckung und den Nachweis eines Plagiats bei einer Doktorandin geht, der Entlassungsgrund dann aber Mobbing lautet, und zwar Mobbing durch die Professorin, die das Plagiat entdeckt hat. Das Ergebnis unserer Studie zeigt, dass 84 Prozent der Befragten die Transparenz in ihrem Verfahren als nicht gewahrt sahen.

Die *Unschuldsvermutung* gilt für jeden Angeklagten in einem Strafrechtsverfahren: Solange seine Schuld nicht eindeutig bewiesen wurde, gilt er als unschuldig, auch wenn die Öffentlichkeit sich möglicherweise schon längst eine andere Meinung gebildet hat. Das Prinzip der Unschuldsvermutung muss bei jeder Sachverhaltsaufklärung dahingehend Berücksichtigung finden, dass Belege und Hinweise für die Schuld ebenso wie für die Unschuld gesammelt und abwägend bewertet werden. 89 Prozent unserer Befragten gaben an, dass die Unschuldsvermutung nicht Teil ihres Verfahrens war. Die Analyse der Fälle in unserer Studie zeigt, dass es den Akteuren in den Hochschulen oft nicht schnell genug gehen kann, wenn es um die Entfernung eines Professors oder einer Professorin geht. In den Fällen mit dem Vorwurf eines Führungsfehlverhaltens wurden regelmäßig noch *vor* jeder sachgerechten Prüfung der Vorwürfe die Rufe laut, dass die Mitarbeiter, der wissenschaftliche Nachwuchs oder die Studenten zu schützen seien und ein Aufschub der Exekution somit geradezu unverantwortlich sei. In den Fällen ideologischer Unbotmäßigkeit steht vermeintlich oft nichts weniger zur Disposition als der gute Ruf der gesamten Hochschule, der unbedingt zu schützen sei. Eine langwierige Untersuchung und Prüfung von Beweisen sei deswegen unverhältnismäßig. So werden Professoren durch eine sehr schnelle Entlassung verurteilt, ohne dass eine adäquate Prüfung überhaupt durchgeführt wurde.

Das *Prinzip der Fairness* erfordert, dass in einem Verfahren alle Beteiligten in gleicher Weise behandelt werden. Die Kriterien für die Gleichbehandlung leiten sich im Grunde durch die anderen Prinzipien der Rechtsstaatlichkeit ab. Ist ein Verfahren für alle gleichermaßen transparent, werden alle Seiten ausreichend gehört, haben alle gleichermaßen das Recht auf einen Rechtsbeistand und so weiter, dann kann auch bei demjenigen, der mit einem negativen Ausgang eines Verfahrens konfrontiert ist, der Eindruck entstehen, dass es sich in der Summe um ein faires Verfahren gehandelt hat. Im Rechtssystem spricht man von *Rechtsfrieden*, den ein Verfahren genau dadurch zu erzeugen versucht, indem es durch die strenge Beachtung der Regeln der Verfahrensordnung eine Waffengleichheit für alle Seiten herstellt. In diesem Sinne kann man die wahrgenommene Fairness eines Verfahrens durch einen Beteiligten als eine Aussage darüber verstehen, inwieweit die Rechtsstaatlichkeit insgesamt gewahrt wurde. Fairness ist von daher ein subjektiver Ausdruck, der in gewisser Weise das gesamte Geschehen zusammenfasst. 95 Prozent der Befragten unserer Studie schätzten ihr Verfahren als unfair ein. Es ist der negativste Wert im Vergleich aller abgefragten Prinzipien der Rechtsstaatlichkeit, was wenig verwundert, da bereits die eklatante Verletzung von nur wenigen der vorgenannten Prinzipien das Gefühl von Unfairness hervorrufen wird. Wie oben gezeigt, waren es jedoch deutlich mehr Prinzipien der Rechtsstaatlichkeit, die in jedem einzelnen Fall missachtet wurden, in manchen Fällen schlicht alle.

Legitimation durch Verfahren?

Insgesamt fällt auf, dass die Angabe, ein Prinzip sei gar nicht eingehalten worden, bei den eher subjektiven Prinzipien noch häufiger getroffen wurde als bei den eher objektivierbaren Prinzipien – 59, 65, 76, 81 Prozent bei den eher objektivierbaren Prinzipien versus 69, 84, 89, 95 Prozent bei den eher subjektiven Prinzipien. Dies deutet auf ein Problem hin, dass der Soziologe Niklas Luhmann bereits 1969 in seinem Buch *Legitimation durch Verfahren*[98] gut beschrieben hat. Um in einem demokratischen Staat Rechtsfrieden zu erreichen, müssen Entscheidungen mithilfe von festgelegten Verfahren getroffen werden. Die Verfahren sollen vor allem eine Sachverhaltsaufklärung ermöglichen: Fakten sollen festgestellt und unterschiedliche Interessen gehört werden. Die am Ende getroffene Entscheidung soll auf diese Weise auch von der unterlegenen Partei mitgetragen werden können. Dies ist bei den entlassenen oder degradierten Professorinnen und Professoren offenkundig nicht der Fall: dass so viele Kollegen meinen, dass es weder Transparenz noch Fairness noch gar eine Unschuldsvermutung gegeben habe, deutet darauf hin, dass der Rechtsfrieden gerade nicht erreicht wurde.

Nun hat schon Luhmann darauf hingewiesen, dass Verfahren auch genutzt werden können, um eine Entscheidung, die an einer Stelle autokratisch getroffen wurde, mithilfe von Verfahren vermeintlich demokratisch zu legitimieren. Diese Verfahren sind dann so ausgehöhlt, dass man auch sagen könnte, es handele sich nur um eine Inszenierung von Verfahren, ohne dass deren Sinngehalt noch irgendeine Bedeutung zukäme. In den von uns beobachteten inneruniversitären Vorgängen ist dieser Umgang mit Verfahren auf die Spitze getrieben worden und hat ihren ursprünglichen Sinn komplett ad absurdum geführt: In vielen Fällen lässt sich eine Art erratischer Suchbewegung nach einem möglicherweise erfolgversprechenden Verfahren nachzeichnen. Das bezieht sich zum einen auf die Begründungen: Da wird beispielsweise zunächst ein internes Verfahren wegen Plagiatsvorwürfen, dann ein Verfahren wegen Machtmissbrauchs, daneben vielleicht noch eines wegen Veruntreuung von Fördergeldern oder eines Meinungsdelikts angestrengt. Die Suchbewegung kann sich aber auch auf die Verfahrensschritte selbst beziehen, um jene Möglichkeit zu finden, die dann die Entscheidung der Entfernung des Professors erlaubt. Die Verfahren erscheinen daher wie eine Bemäntelung einer Entscheidung, die längst gefällt ist und deren letzte Begründung nur noch gesucht wird.

An den Hochschulen wurde diese Aushöhlung der Verfahren auch durch ihren Umbau hin zu Unternehmen sowie die Veränderungen aufgrund des Bologna-Prozesses befördert. Denn dadurch hat sich das Selbstverständnis der Hochschulleitungen von einer Art »fakultärem Föderalismus« (vor Bologna) hin zu einem aktuell eher »präsidialen Feudalismus«[99] verschoben, bei dem sich Rektoren oder Präsidenten als *Prinzipal* gerieren und – wie unsere Ergebnisse zeigen – die Entscheidung über die Entfernung eines Professors oder einer Professorin entsprechend autokratisch (in anderen Worten: freihändig) treffen. Als »Chefsache« eben.

7 Medienframing: Von *Josef K.* zu *Professor Kokolores*

Wir können unsere Analyse der Entfernung kritischer Professorinnen und Professoren an Hochschulen nicht schließen, ohne die Rolle der Medien zu beleuchten. Bereits für unsere erste Studie haben wir neben Interviews mit den Betroffenen und der Erhebung quantitativer Daten mithilfe eines Fragebogens auch eine Medienanalyse durchgeführt. Dies bot sich zum einen an, da wir viele betroffene Kollegen und Kolleginnen nur über die mediale Berichterstattung gefunden haben und schon allein deswegen immer auch mit der journalistischen Sicht auf die Dinge konfrontiert waren. Zum anderen wird aber genau diese journalistische Sicht, wenn sie wissenschaftlich untersucht wird, zu einer durchaus lohnenden Erkenntnisquelle. Besonders interessiert haben uns die Narrative, die Journalisten durch die Art und Weise ihrer Berichterstattung über die Entlassung oder Degradierung von Professorinnen und Professoren entwarfen. Als Narrative verstehen wir Erzählstränge, die es erlauben, zunächst scheinbar unzusammenhängenden Einzelaussagen eine innere Kohärenz zu geben, die es dem Leser erlaubt, sie schnell in bereits bekannte Erzählmuster einzuordnen. In unserer ersten Analyse fanden wir zwei große Narrative, die zeitlich aufeinander folgen: das *Josef-K.-Narrativ* und das *Robin-Hood-Narrativ*. Zwar wurde mit dem Aufkommen des Robin-Hood-Narrativs parallel auch das Josef-K.-Narrativ weitergeführt, allerdings in leicht veränderter Erzählung und quantitativ eher untergeordnet. Diese Abwandlung tauften wir *Josepha-K.-Narrativ*, da hier ausnahmslos Frauen betroffen waren.

In jüngster Zeit kristallisierte sich noch ein drittes großes Narrativ heraus, das *Professor-Kokolores-Narrativ*. Interessanterweise lassen sich anhand der Narrative gleichzeitig markante Veränderungen in der Rolle und im Selbstverständnis der Medien nachzeichnen.

Das Josef-K.-Narrativ

»Jemand mußte Josef K. verleumdet haben, denn ohne daß er etwas Böses getan hätte, wurde er eines Morgens verhaftet.«[100] Mit diesem Satz beginnt Kafkas fragmentarischer Roman *Der Prozess*. Dessen Protagonist Josef K. findet sich in einer absurden Situation wieder, denn er wird zwar angeklagt, erfährt den Grund aber nicht. Er versucht das Gericht zu kontaktieren, kann es aber nicht finden. Es wird ein Urteil gefällt, aber er kennt den Inhalt nicht. Trotzdem wird er am Ende abgeholt und hingerichtet. Ganz ähnlich werden die ersten Entlassungen von Professorinnen und Professoren in den Medien geschildert. Manche Texte greifen die Figur des Josef K. bereits im Titel auf.[101]

In den Medienberichten dieses Narrativ-Typs wird zunächst betont, dass die entlassenen Professorinnen und Professoren nichts Böses getan haben. Ganz im Gegenteil: Sie werden als wissenschaftlich hervorragend und leistungsfähig beschrieben, was mit den üblichen Parametern belegt wird: Sie können auf eine große Zahl von Publikationen in den für ihr Fach relevanten, peer-reviewten Zeitschriften verweisen und verfügen über ein für ihr jeweiliges Fach überdurchschnittliches Drittmittelaufkommen. Zudem finden sich viele Fürsprecher, insbesondere außerhalb der eigenen Institution; ihre Leistungen werden oft auch international geschätzt. Es gibt somit keinen Grund, sie zu entlassen. Auch strafrechtlich relevante Gründe werden nicht genannt. Stattdessen werden von den Medien regelmäßig Ressourcenkonflikte aufgedeckt. Manchmal geht es dabei ganz konkret um die Stelle: Die entlassene Professorin blockiert die Berufung eines anderen, inzwischen qualifizierten und von der Hochschulleitung gewünschten Kollegen und muss deswegen entfernt werden. Manchmal geht es eher diffus um die Freisetzung von Mitteln für größere Vorhaben, etwa den Aufbau eines neuen Profilbereichs oder Forschungsschwerpunkts. In dieser Situation entscheidet sich die Hochschulleitung gegen die hervorragende Professorin und beginnt die universitätsinternen Konkurrenten und deren Förderer zu unterstützen. Da an den Leistungen der Betroffenen im Bereich von Forschung und Lehre nichts auszusetzen ist, werden Verfehlungen vornehmlich im administrativen Bereich gesucht oder gleich selbst produziert: Formulare seien an der falschen Stelle eingereicht oder verwaltungstechnische Daten nicht in ausreichender Form weitergereicht worden. In manchen Fällen wird zudem auf schriftliche Vorwürfe von Kollegen oder Mitarbeitern verwiesen, deren Einsichtnahme aber verweigert wird. Mehrfach wird dargestellt, wie die Hochschulleitungen den Betroffenen nach und nach administrative und finanzielle Mittel entziehen und sie damit arbeitsunfähig machen, was dann notgedrungen zu einer mangelnden Leistungserbringung führt.

Das Josef-K.-Narrativ der Medien beschreibt Situationen, die wissenschaftlich gut belegt sind. Es beschreibt zum einen eine klassische Mobbing-Situation: Von mehreren Personen werden negative Handlungen gegen eine Person gerichtet mit dem Ziel, diese Person psychisch zu destabilisieren, sie im Arbeitsumfeld zu isolieren und letztlich ganz aus dem Betrieb zu entfernen.[102] Zum anderen ist die Darstellung der entlassenen Person als leistungsstark durch empirische Studien belegt: Im universitären Kontext sind oft gerade integre, innovative und hochmotivierte Mitarbeiter von Mobbing betroffen.[103]

Entsprechend der Grundkonstellation des Narrativs Josef-K. erscheinen die Hochschulleitungen hier in einem schlechten Licht: Sie sind diejenigen, die Intrigen spinnen, Transparenz verhindern, Verfahrenswege nicht einhalten und alles ignorieren, was für die Beschuldigten sprechen würde. Sie treten als Kläger und Richter zugleich auf, darüber hinaus teilweise als Täter, die aktiv Fehler als Fallen konstruieren.

Das Robin-Hood-Narrativ

Anders als Josef K. gehört die Figur des Robin Hood zu den Stoffen der Weltliteratur.[104] Der Held, der in den Wäldern um Nottingham lebt, gilt einerseits als Outlaw, da er gelegentlich die Reichen ausraubt, um den Armen und Schwachen zu helfen. Zum anderen aber ist er ein frommer Untertan des Königs. Dieses Bild findet sich in der Medienberichterstattung nicht. Wir fanden es aber treffend, um das Mitte der 2010er-Jahre entstandene neue mediale Narrativ in Bezug auf die Entlassung von Professorinnen und Professoren zu charakterisieren.

In diesem Narrativ erscheinen die dem Professor zugeordneten Nachwuchswissenschaftler (Doktoranden, Habilitanden) als die Armen und Schwachen. Sie werden in den Medienberichten zwar nahezu durchgehend als erfolglos oder überfordert beschrieben, aber das ist kein Grund für eine Relativierung ihrer Geschichten. Vielmehr wird die gesamte Verantwortung für die Erfolglosigkeit der jungen Wissenschaftler auf den Professor übertragen. Dementsprechend nehmen Klagen über sein Verhalten in der Berichterstattung einen breiten Raum ein: Er übe »zu großen Druck« und »Psychoterror« aus, sodass am Institut oder Fachbereich eine »Atmosphäre der Angst« existiere. Der Professor als Betreuer wird nicht als Förderer gesehen, sondern als Hindernis für das Fortkommen des wissenschaftlichen Nachwuchses, wobei als Hindernis für dessen Arbeit bereits gilt, wenn der Betreuer gesetzliche Vorgaben zur Ausübung seiner Professur ernst nimmt, beispielsweise Termine für die Abgabe von Arbeiten setzt oder sachliche

Kritik an der Leistung übt. Damit die Vorwürfe glaubhaft klingen, werden sie meist nicht von einzelnen Nachwuchswissenschaftlern vorgebracht, sondern von einer größeren Zahl von verängstigten Betroffenen, die aus Schutzgründen anonym bleiben möchten. Unter dieser Bedingung bleibt notgedrungen offen, ob es diese Vielzahl wirklich gibt oder ob sie lediglich vorgetäuscht wird. Die anonymen Klagen kulminieren in den meisten Fällen im Vorwurf von Mobbing und Machtmissbrauch durch die Professoren.

Im Gegensatz zum Josef-K.-Narrativ wird hier ein sehr eigenwilliger Mobbing-Begriff eingeführt, denn die angeblich mobbende Person ist genau jene Person, die isoliert und am Ende aus dem Arbeitsverhältnis entfernt wird. In der Psychologie wird eine solche Konstellation als Täter-Opfer-Umkehr oder im Englischen als *victim blaming*[105] bezeichnet. Die tatsächlichen Mobber (die Täter) behaupten, dass sie von ihrem Mobbing-Opfer gemobbt werden. In dieser Konstellation kommt ein weiteres Phänomen zum Tragen, das in der gewaltfreien Kommunikation als »kollektiv konditionierter Irrtum«[106] bezeichnet wird: die Überzeugung, ein anderer sei für die eigenen Gefühle, angenehme wie unangenehme, verantwortlich. Gerade dadurch, dass sich eine größere Zahl von angeblich gemobbten Mitarbeitern beschwert, denen aus Gründen des Opferschutzes Anonymität garantiert wird und die vor dem Hintergrund der zeitlich passenden *Me-Too*-Bewegung auf offene Ohren in den Medien stoßen,[107] wird eine Dynamik wechselseitiger Bestärkung in Gang gesetzt, die ein Hinterfragen der Geschichte oder gar eine adäquate Sachverhaltsaufklärung verunmöglicht.

Die Professorinnen und Professoren werden mit der Schuldzuweisung in der Robin-Hood-Konstellation zu den Reichen, nur sind sie nicht mit Geld, sondern mit Mitteln ausgestattet, um eine Atmosphäre der Angst zu erzeugen. Diese Möglichkeit muss ihnen genommen werden. Die Figur des Robin Hood wird von den Hochschulleitungen repräsentiert. Sie erscheinen in diesem Narrativ in einem positiven Licht, denn sie nehmen von den Reichen und schützen die Armen und Schwachen.

Das Robin-Hood-Narrativ ist wissenschaftlich weniger gut untermauert als das Josef-K.-Narrativ: Der Mobbing-Begriff wird auf den Kopf gestellt, da nun eine einzelne Person eine ganze Gruppe mobben soll. Die Erkenntnisse zum *victim blaming* werden ignoriert. Stattdessen wird das Opfer-Narrativ identitätstheoretischer Ansätze für die Nachwuchswissenschaftler genutzt, auch wenn diese Ansätze selbst zunehmend in die Kritik geraten,[108] weil die von ihnen formulierten Kausalitäten oft »jeglicher Logik entbehr[en]«.[109] Es fehlen zudem empirische Studien, welche die im Narrativ implizierten Zusammenhänge stützen könnten. Es entsteht sogar der Eindruck, dass Erklärungen gar nicht gewünscht sind: Durch die Umkehr der Schuldzuweisung mittels *victim blaming* werden die komplizierter zu erzählenden Missstände in den Hochschulen zu persönlichen Verfehlungen von Professoren umgedeutet. Damit entstehen Geschichten, die leichter zu erzählen sind – und von einer Leserschaft allemal bereitwilliger aufgenommen werden. Strukturelle Mängel, wie sie im Zuge des Bologna-Prozesses und des grundlegenden Umbaus der Universitäten entstanden sind, geraten damit aus dem Blick. Auf diese Weise wird auch die Konfliktlösung durch die Hochschulleitungen unterstützt, die dementsprechend regelmäßig die Entlassung oder Degradierung des angeschuldigten Professors vornehmen.

Das Josepha-K.-Narrativ

Das Josepha-K.-Narrativ stellt eine Weiterentwicklung des Josef-K.-Narrativs dar, das darüber hinaus insbesondere über Frauen erzählt. Wie beim Josef-K.-Narrativ wird der Grundkonflikt hier als Ressourcenkonflikt gesehen: Die Professorin stört, weil sie eine Stelle blockiert oder sie die Messlatte für Leistungen zu hoch hängt. Im Unterschied zum Josef-K.-Narrativ nutzt die Hochschulleitung nun aber andere Mittel, um den Konflikt in ihrem Sinne zu lösen. Sie setzt sich – zumindest scheinbar – für die Belange der Nachwuchswissenschaftler ein und greift dabei auf Bestandteile des Robin-Hood-Narrativs zurück. Der sich beschwerende wissenschaftliche Nachwuchs wird (wie auch im Robin-Hood-Narrativ) zumeist als bisher erfolglose Kandidaten gesehen, die ihren Betreuerinnen Handlungen vorwerfen, die zu deren alltäglichen Dienstaufgaben gehören. Hierunter fallen etwa die Einforderung von Nutzung der Arbeitszeit für Zwecke der Forschung und Lehre oder auch die Beurteilung von Arbeiten. All diese Dinge gelten nun plötzlich nicht mehr als der Arbeitsplatzbeschreibung entsprechende Tätigkeiten, sondern als Machtmissbrauch. Gleichzeitig erheben die Hochschulleitungen in diesem Narrativ teils schwere Vorwürfe, die von übler Nachrede bis zur Verleumdung reichen. Träfen derartige Vorwürfe zu, könnten (und müssten) sie strafrechtlich verfolgt werden. In keinem der uns bekannten Fälle kam es jedoch je zu einer Anklage.

Als Machtmissbrauch verstehen die Erzähler des Narrativs etwas anderes als allgemein üblich. Aus Sicht eines Wirtschaftsunternehmens beginnt Machtmissbrauch dort, wo der Einsatz von Macht »nichts mit den Interessen des Unternehmens zu tun hat«.[110] Machtmissbrauch liegt beispielsweise dann vor, wenn der Vorgesetzte die abhängige Person für private Interessen nutzt, wenn er sie etwa seine Wohnung streichen lässt, obwohl es ansonsten kein Freundschaftsverhältnis zwischen den involvierten Personen gibt. Ebenso liegt Machtmissbrauch vor, wenn der Vorgesetzte sich zum Schaden abhängiger Personen nicht an Verordnungen und Satzungen hält, wenn er also gerade davon absieht, alltägliche Aufgaben angemessen auszuführen. Interessanterweise liegt für das Wirtschaftsunternehmen Machtmissbrauch auch dann vor, wenn der Vorgesetzte der abhängigen Person *unterfordernde* Arbeiten zuteilt, die nicht ihrem Stellenprofil entsprechen. Von *überfordernden* Aufgaben, wie sie im Wissenschaftskontext von Nachwuchswissenschaftlern oft moniert werden, ist in der Darlegung des Unternehmens explizit nicht die Rede.

Die Hochschulleitungen, welche die oft undifferenzierten Vorwürfe von Machtmissbrauch aufgreifen, erscheinen im Josepha-K.-Narrativ wiederum in einem schlechten Licht: Sie betrachten jede Beschwerde ungeprüft als Faktum und führen oftmals weitere, höchst einseitige Ermittlungen durch, indem sie nach zusätzlichen negativen Aussagen suchen. Sie verlassen damit ihre neutrale Position und werden zum interessengeleiteten Akteur. Positive Aussagen von anderen, meist erfolgreicheren Nachwuchswissenschaftlern oder Mitarbeitern werden systematisch ignoriert. Negiert eine beschuldigte Professorin die Tat, wird ihr Uneinsichtigkeit vorgeworfen, die in den Augen der Hochschulleitung den Anfangsverdacht nur bestätigt. In anderen Worten: Die Hochschulleitungen erscheinen als Instanz mit eigenen Interessen, die sich ohne Kompetenz zur Rechtsprechung zum Richter in eigener Sache aufschwingt. Im Josepha-K.-Narrativ entsteht so ein Bild von Seilschaften und Korruption, das die Hochschulleitungen selbst gerne vermeiden würden.

Das Prof.-Kokolores-Narrativ

Das Wort Kokolores, so heißt es bei der Gesellschaft für deutsche Sprache, geht höchstwahrscheinlich auf den Begriff Hahn (französisch *coq*, englisch *cock*, im Deutschen auch Gockel) zurück.[111] Es kann unterschiedliche Bedeutungen annehmen wie etwa Unsinn, dummes Geschwätz, unbrauchbare Arbeit, Durcheinander oder auch Spaßmacher.[112] Obwohl es ursprünglich aus der Umgangssprache kommt, ist es in der heutigen Alltagssprache eher selten.[113] Der *Spiegel* hat es 2023 trotzdem in der Überschrift eines Beitrags über vier Professoren und einen Lehrbeauftragten genutzt: »Prof. Dr. Kokolores«.[114] Da dieser Beitrag ein jüngst erst neu entstandenes Narrativ gut repräsentiert, taufen wir diese Erzählung das Prof.-Kokolores-Narrativ. Es ist das Narrativ, das die ideologische Unbotmäßigkeit als Grund für die Entlassung einer Professorin oder eines Professors begleitet.

Das Narrativ weist den anderen Narrativen gegenüber eine Besonderheit auf: Die Medien spielen in ihm selbst eine – unreflektierte – Rolle, denn der Hinweis darauf, dass dieser oder jener Professor störe und deswegen entlassen oder sonst wie von seiner Position entfernt gehöre, stammt von ihnen selbst. Das lässt sich am Beispiel einiger in dem *Spiegel*-Beitrag explizit genannten Personen leicht nachvollziehen: Die Kritik an Michael Meyen, dem die Ehre zukam, die Hauptfigur des Artikels zu sein, ging von Beiträgen in der *Frankfurter Rundschau* und der *taz* aus. Ulrike Guérot wurde in der *FAZ* von Patrick Bahners als »Verschwörungstheoretikerin«[115] tituliert. Und dem Journalisten und Lehrbeauftragten Patrik Baab wurde vom *T-Online*-Redakteur Lars Wienand vorgeworfen, als Wahlbeobachter im Donbass tätig gewesen zu sein.[116] Sind diese Vorwürfe erst einmal öffentlichkeitswirksam formuliert, setzt an den Universitäten in aller Regel, wie bereits beschrieben, eine studentische Aktivität ein, welche die Hochschulleitungen zu einer Entscheidung zwingt. Sie haben in dieser Situation zwei Optionen: Sie können entweder ihrer Fürsorgepflicht ihrem Mitarbeiter gegenüber sowie ihrer Aufgabe, die Wissenschaftsfreiheit zu verteidigen, nachkommen, oder sie können dem Druck klein beigeben. Im ersten Fall geraten sie selbst in die mediale Kritik aufgrund des ideologisierten Kontexts; im zweiten Fall müssen sie sich auf arbeits- und dienstrechtliche Verfahren einstellen. Patrik Baab meint, sie »fallen auf eine Falschmeldung herein, die fabriziert worden ist, damit jemand darauf hereinfällt«.[117] Ein echter oder vorgestellter Mehrwert, den die Hochschule aus der Entlassung eines ihrer Professoren ziehen könnte, wie er noch bei den anderen Narrativen ersichtlich war, ist in diesen Fällen nicht zu finden. Ein Propaganda-Spiel, bei dem es nur Verlierer gibt.

Die Narrative als Spiegel der gesellschaftlichen Entwicklung

Der Wandel der Narrative im Zeitverlauf ist weder zufällig noch ist er Ausdruck einer grundsätzlichen Andersartigkeit der jeweils entfernten Professoren. Denn letztere erweisen sich über die Zeit hinweg durchwegs als leistungsstarke und ausgezeichnete Wissenschaftler, die normalerweise von keiner Universität entlassen würden. Im Wandel der Narrative spiegelt sich daher vielmehr die gesellschaftliche Veränderung und dabei insbesondere die Veränderung der Rolle wider, welche die Medien in der Gesellschaft einnehmen. Zu Zeiten des Josef-K.-Narrativs verstanden sich die Medien weitgehend als die sogenannte Vierte Gewalt, die »aus der Position gleichsam neutraler Beobachter die Machteliten [hier in Form der Hochschulleitungen] kritisch begleiten«[118] soll. Dementsprechend werden die Professorin oder der Professor als leistungsstark beschrieben und die Aktionen der Hochschulleitungen als in der Regel kaum nachvollziehbar dargestellt.

Dies ändert sich mit dem Übergang vom Josef-K.-Narrativ zum Robin-Hood-Narrativ. Er fällt in die Mitte der 2010er-Jahre, für die Sven Brajer den Übergang vom klassischen Journalismus zum Haltungsjournalismus postuliert.[119] Dabei verlässt der Journalist seinen möglichst objektiven und zugleich den Machteliten gegenüber kritischen Standpunkt. Stattdessen betont er seine subjektive Haltung, die oft die wirklichen oder imaginierten Interessen einer bestimmten scheinbar oder tatsächlich diskriminierten Gruppe widerspiegelt. Anderen Perspektiven wird gleichzeitig die Gültigkeit abgesprochen. Fakten spielen nur eine untergeordnete Rolle. Aus dieser Sicht sind die Professoren die alten weißen Männer (oder

Frauen), die ihre Macht nutzen, um wehrlose Nachwuchswissenschaftler in Angst zu versetzen. Das trifft nicht nur auf das Robin-Hood-Narrativ, sondern auch auf das Josepha-K.-Narrativ zu. Wie dieser Journalismus funktioniert, konnten wir selbst im Rahmen eines Beitrags für ein großes deutschsprachiges Printmedium erleben: In einem Interview haben wir unsere Forschungsergebnisse dargelegt. Der Beitrag der Journalistin war so weit gediehen, dass es bereits ein aufwendiges Fotoshooting gab. Dann plötzlich wurde der Beitrag abgesagt. Wir erfuhren, dass eine Ursache dafür die Bemerkungen einer jungen redaktionsinternen Faktencheckerin waren. Sie stellte die Ergebnisse unserer Studie infrage, weil sie von solchen Vorkommnissen noch nie gehört habe. Zudem widerspräche die Darstellung der bisherigen Haltung des Mediums und könne deswegen nicht gedruckt werden. Eine derartige Berichterstattung reproduziert sich und die eigene konstruierte Weltsicht fortlaufend selbst, wodurch sich das Narrativ immer weiter in sich selbst verdichtet. Einem Abgleich mit der Wirklichkeit wurde durch das neu geschaffene Heer an Faktencheckern ein wirksamer Riegel vorgeschoben.

In dem bisher letzten Narrativ, dem Prof.-Kokolores-Narrativ, wandelt sich der Haltungsjournalismus vollends zur Propaganda. Michael Meyen definiert Propaganda unter Rückbezug auf Andreas Elter als

> »alle Versuche staatlicher Stellen (...) ›eine bestimmte, eindeutig gefärbte Sichtweise der Dinge‹ zu platzieren ›und damit die öffentliche Diskussion in die gewünschte Richtung‹ zu manövrieren. Dazu gehört zwangsläufig, alle Positionen zu unterdrücken, zu delegitimieren oder in ihrer Reichweite einzuschränken, ›die das herrschende Narrativ infrage stellen‹ (...)«.[120]

Genau diese Delegitimierung ist vermutlich der Zweck, jedenfalls aber die Folge des journalistischen Aktivismus, der einzelne Professorinnen oder Professoren aufgrund ihrer missliebigen Meinungen an den Pranger stellt. Interessant dabei ist, dass dies eher Wissenschaftler mit linken Positionen trifft. Angesichts der vielen *Demos gegen Rechts* würde man mehr rechtskonservative Kollegen in unserer Studie erwarten. Die gibt es auch, aber nicht so viele.

8 Und nu?

Wenn Licht auf Dunkelheit fällt, siegt immer das Licht.
Umgekehrt geht es nicht.

(Vera F. Birkenbihl)

Als wir 2020 mit der Erforschung der Entlassung oder Degradierung von Professorinnen und Professoren begonnen haben, taten wir dies aus zwei Gründen: Der erste Grund war die bereits erwähnte Tagung in Passau zum Umgang mit anonymen Anschuldigungen in der Wissenschaft: Dort redete man zwar über uns, wollte uns aber selbst partout nicht zu Wort kommen lassen. Warum war das so? Der zweite Grund: Als gelernte Wissenschaftlerinnen treibt uns der Wunsch nach Verstehen. Die Erzählungen anderer entlassener Professorinnen ähnelten sich in einigen wesentlichen Punkten in so auffälliger Weise, dass wir wissen wollten, ob sich dahinter strukturelle Probleme verbargen, die an der Oberfläche sowie bei der Betrachtung eines einzigen Falls zunächst nicht sichtbar werden. Die Eindeutigkeit der Ergebnisse, wie sie sich uns heute darstellt, haben wir nicht erwartet und blicken daher mit einer qualifizierten Fassungslosigkeit auf die Situation. Weder hatten wir mit der Prägnanz der Befunde im Hinblick auf die fehlende Rechtsstaatlichkeit der internen Verfahren gerechnet noch mit der frappierenden Leichtfertigkeit, mit der Professorinnen und Professoren entlassen werden. Neben den zwei ausführlich diskutierten Entlassungsgründen (Führungsfehlverhalten und ideologische Unbotmäßigkeit) gibt es noch einen größeren Anteil höchst banaler Gründe, die sich (bisher) schlecht kategorisieren lassen: Man habe etwa zum falschen Themenfeld geforscht oder einen vermeintlich veralteten Theorieansatz genutzt. Zudem hat uns in einigen Fällen die kriminelle Energie der Akteure bestürzt: Beispielsweise wurden parallel zu den Lehrveranstaltungen einer Professorin identische Lehrveranstaltungen angesetzt, mit dem Hinweis, nur die Parallelveranstaltungen seien prüfungsrelevant. Dass die Professorin nicht das ganze Semester über die angesetzte Seminarzeit im leeren Hörsaal verbrachte, galt als Schlechterfüllung der Lehre. Das Fazit nach der Analyse von 60 Fällen: Es kann eigentlich jeden treffen.

Unsere Suche nach dem Strukturellen hinter der Oberfläche der Einzelfälle hat uns von der reinen Empirie immer stärker zu gesellschaftspolitischen Fragen geführt, die auch in anderen Kontexten kontrovers diskutiert werden: Da ist die Frage nach der Rolle der Wissenschaft in der Gesellschaft. Soll sie Politik ideologisch untermauern oder soll sie in ihrem beschränkten, aber doch relevanten Rahmen der Aufklärung dienen? Oder die Frage von Leistung, Leistungsanforderung und Leistungsbereitschaft im Kontext unterschiedlicher Generationen. Hierzu gehört auch die eher philosophische Frage, ob die Würde des Menschen aus ihm selbst heraus erwächst oder ob sie allein durch die heute allerorten eingeforderte Wertschätzung durch andere entstehen kann.[121] In welchem Zusammenhang steht hier die vielerorts festzustellende fortschreitende Infantilisierung der Gesellschaft? Und die damit zusammenhängende Weigerung der Verantwortungsübernahme? Hinsichtlich der Bildungspolitik stellt sich die Frage, ob eine Kompetenzorientierung ohne Inhalte nicht in eine selbstkonstruierte Sackgasse führt, an deren Ende viel gekonnt, aber nichts mehr gewusst oder gar verstanden wird und letztlich nur noch Netzwerke zählen. Das stärkt erneut die Eliten und verschärft die soziale Ungleichheit. Und schließlich noch die Rolle der Medien: Am Beispiel ihrer Behandlung des Themas der Entlassung von Professoren lässt sich der Wandel von einer eher kritischen Berichterstattung hin zur Parteinahme bis zur Propaganda nachzeichnen. Wem nützt das? Diese vielfältigen diskursiven Bezüge zeigen, dass sich am Beispiel entlassener oder degradierter Professorinnen und Professoren die aktuellen gravierenden gesellschaftlichen Fehlentwicklungen wie unter einem Brennglas betrachten und diskutieren lassen. Zu dieser politischen Debatte laden wir mit diesem Buch ein.

Ein ganz persönliches Anliegen wäre es, darauf hinzuwirken, dass die aus unserer Sicht zu Unrecht entlassenen oder degradierten Professorinnen und Professoren rehabilitiert werden. Denn eine Entlassung bedeutet für Professoren in der Regel das Karriereende in der Wissenschaft. Anders als in anderen Branchen, in denen die Begründung für die Entfernung aus einer Position möglicherweise der Türöffner für eine neue Position sein kann, gilt dies für Wissenschaftler nicht. Eine berufliche Zukunft außerhalb der Wissenschaft stellt für sie eine erhebliche Herausforderung dar, schon allein, weil sie formal als überqualifiziert gelten. Dass dies dann vor allem auch noch leistungsstarke und hochmotivierte Bildungsaufsteiger trifft, klingt wie bittere Ironie. Dazu kommen das Stigma und die traumatisierende Erfahrung von Willkür und Irrationalität der Verfahren. Das hat allen Studienteilnehmern zunächst den Boden unter den Füßen weggezogen, einigen sogar nachhaltig, vereinzelt wurden uns gegenüber Suizidgedanken formuliert.

Der Preis für die leichtfertige Entlassung von Professoren ist hoch. Jenseits der Einzelschicksale, die man bedauern mag oder auch nicht, führt diese Praxis zu einer aus Angst vor Sanktionen disziplinierten Wissenschaft, die das genaue Gegenteil von freier Forschung und Lehre bedeutet. Eine Gesellschaft, die den Wert einer demokratischen Verfasstheit versteht und letztere behalten möchte, kann dies nicht achselzuckend hinnehmen. Wie wir als Gesellschaft aus der jetzigen Situation wieder herauskommen können, ist eine Frage, auf die wir nicht den Hauch einer Antwort wissen. Jede gesellschaftliche Facette, die wir bei unserer Suche nach Verstehen berührt haben, erscheint in so starkem Maße dysfunktional, dass unklar ist, wo man beginnen sollte. Es scheint, als müssten wir Gesellschaft neu erfinden. Und dabei auch ganz grundsätzlich die Frage stellen, welche Wissenschaft wir wollen.

Literaturverzeichnis

Albers, Petra: »Warum Wörter wie ›Firlefanz‹ und ›Kokolores‹ verschwinden«. In: *General Anzeiger*, 04.07.2018, online unter: https://ga.de/news/panorama/warum-woerter-wie-firlefanz-und-kokolores-verschwinden_aid-43823205, abgerufen am 15.07.2024.

Baab, Patrik: *Propagandapresse. Wie uns Medien und Lohnschreiber in Kriege treiben.* Berlin 2024.

Beer, Ursula: »Marx auf die Füße gestellt? Zum theoretischen Entwurf von Claudia v. Werlhof«. In: *Prokla*, 1983, 50, S. 22–37.

Bertram, Hans: »Kindliches Wohlbefinden: Von Kinderarmut und Fürsorge zur kindlichen Teilhabe«. In: *Diskurs Kindheits- und Jugendforschung*, 2016, 11 (3), S. 269–285.

Blühdorn, Ingolf: *Simulative Demokratie.* Frankfurt 2015.

Bolz, Norbert: *Der alte weiße Mann. Sündenbock der Nation.* München 2023.

Brajer, Sven: *Die (Selbst)Zerstörung der deutschen Linken.* Wien 2023.

Brecht, Bertolt: *Das Leben des Galilei.* Frankfurt am Main 1963.

Brodkorb, Mathias: *Gesinnungspolizei im Rechtsstaat? Der Verfassungsschutz als Erfüllungsgehilfe der Politik.* Springe 2024.

Brückner, Peter: *Das Abseits als sicherer Ort. Kindheit und Jugend zwischen 1933 und 1945.* Berlin 2019.

Chung KC, I. Springer, L. Kogler, B. Turetsky, J. Freiherr & B. Derntl: »The influence of androstadienone during psychosocial stress is modulated by gender, trait anxiety and subjective stress: An fMRI study«. In: *Psychoneuroendocrinology*. 2016, 68, S.126–139. doi: 10.1016/j.psyneuen.2016.02.026.

Dahrendorf, Ralf: *Bildung ist Bürgerrecht.* Hamburg 1966.

De Lapuente, Roberto: »Der ›Fall Ulrike Guérot‹: Versuche einer öffentlichen Hinrichtung«. In: Gysi, Gabriele: *Der Fall Ulrike Guérot. Versuche einer öffentlichen Hinrichtung.* Neu-Isenburg: 2023, S. 42–73.

Die Multivision e. V. (Hrsg.): *Fair Future. Der Ökologische Fußabdruck. Unterrichtsmaterialien für die Klassen 9–10.* Hamburg, ohne Jahr, online unter: https://www.ufu.de/wp-content/uploads/2017/07/Fair-Future-Der-Oekologische-Fu%C3%9Fabdruck_aktualisiert.pdf, abgerufen am 20.08.2024.

Egner, Heike & Anke Uhlenwinkel: »Zertifikat als Grundrecht? Über Leistungsansprüche und -erwartungen im Kontext struktureller Veränderungen an Universitäten«. In: *Das Hochschulwesen*, 2023a, 71 (1+2), S. 28–43.

Egner, Heike & Anke Uhlenwinkel: »›Wie wenig es braucht …!‹ Befunde zur Entlassung oder öffentlichen Degradierung von Professorinnen und Professoren«. Working Paper, 2023b, online unter: https://www.ssoar.info/ssoar/handle/document/90798, abgerufen am 15.07.2024.

Egner, Heike & Anke Uhlenwinkel: »Entlassung und öffentliche Degradierung von Professorinnen. Eine empirische Analyse struktureller Gemeinsamkeiten anscheinend unterschiedlicher ›Fälle‹«. In: *Beiträge zur Hochschulforschung*, 2021a, 43 (1–2), 62–84.

Egner, Heike & Anke Uhlenwinkel: »Zur Rechtsstaatlichkeit universitätsinterner Verfahren bei Entlassung oder öffentlicher Degradierung von Professor*innen«. In: *Ordnung der Wissenschaft*, 2021b, 3 (3), 173–184.

Ellard-Gray, Amy, Nicole K. Jeffrey, Melisa Choubak & Sara E. Crann: »Finding the hidden participant. Solutions for recruiting hidden, hard-to-reach, and vulnerable populations«. In: *International Journal of Qualitative Methods*, 2015, 14 (5), 1–10.

FBW – Deutsche Film- und Medienbewertung: »Pressetext zu ›Contra‹«. 2021, online unter: https://www.fbw-filmbewertung.com/film/contra, abgerufen am 10.07.2024.

Fehrenbach, Heinz G.: »Machtmissbrauch in der Wissenschaft. In: *Forschung & Lehre*, 2020, 27 (4), S. 322–324.

Frenzel, Elisabeth: *Stoffe der Weltliteratur*. Stuttgart 1983.

Frenzel, Elisabeth: *Motive der Weltliteratur*. Stuttgart 1980.

Gärditz, Klaus Ferdinand: »Wehrhafte Hochschulen und Wissenschaftsfreiheit«. In: *Verfassungsblog*, 23.10.2022, online unter: https://verfassungsblog.de/wehrhafte-hochschulen-und-wissenschaftsfreiheit/, abgerufen am 16.07.2024.

Gelhard, Andreas: *Kritik der Kompetenz*. Zürich 2011.

Gill, Nick, Rebecca Rotter, Andrew Burridge & Jennifer Allsopp: »The Limits of Procedural Descretion: Unequal Treatment and Vulnerability in Britain's Asylum Appeals«. In: *Social & Legal Studies*, 2018, 27 (1), S. 49–78.

Goffman, Erving: *Presentation of self in everyday life*. Garden City, NJ 1959.

Gumbrecht, Hans Ulrich: »Die Aufgabe der Geisteswissenschaften heute«. In: Ders.: *Präsenz*. Berlin 2012, 145–168.

Hartmann, Michael: *Soziale Ungleichheit. Kein Thema für die Eliten?* Frankfurt am Main 2013.

Hummer, Robert: »Jenseits des Kontroversitätsgebot? Zum Umgang mit klimawandelskeptischen und -leugnenden Positionen in der schulischen Politischen Bildung in Österreich«. In: Stainer-Hämmerle, Kathrin: *Glaube – Klima – Hoffnung. Religion und Klimawandel als Herausforderungen für die politische Bildung*. Frankfurt am Main: 2021, S. 60–72.

Hurrelmann, Klaus & Erik Albrecht: *Die heimlichen Revolutionäre. Wie die Generation Y unsere Welt verändert*. Weinheim 2014.

Husung, Hans-Georg: »398 Kläger und ein Urteil, das seit 50 Jahren hält«. In: Blog von Jan-Martin Wiarda, 23.05.2023, online unter: https://www.jmwiarda.de/https-www.jmwiarda.de-2023-05-23-398-klaeger-und-ein-urteil-das-seit-50-jahren-haelt/, abgerufen am 01.07.2024.

Kafka, Franz: *Der Proceß*. Stuttgart 1995.
Khoo, Siew Beng: »Academic mobbing«. In: *Malaysian Family Physician*, 2010, 5 (2), S. 61–67.
Klein, Hans Peter: *Vom Streifenhörnchen zum Nadelstreifen. Das deutsche Bildungswesen im Kompetenztaumel*. Springe 2016.
Klöckner, Marcus: »Guérot-Prozess: ›Die politische Dimension ist fast überall und zunehmend erdrückend zu spüren‹«. In: *NachDenkSeiten*, 06.05.2024, online unter: https://www.nachdenkseiten.de/?p=114806l, abgerufen am 20.07.2024.
KMK, Kultusministerkonferenz: »Fördern und Fordern – eine Herausforderung für Bildungspolitik, Eltern, Schule und Lehrkräfte. Gemeinsame Erklärung der Bildungs- und Lehrergewerkschaften und der Kultusministerkonferenz«. 2006, online unter: https://www.kmk.org/fileadmin/veroeffentlichungen_beschluesse/2006/2006_10_20_Foerdern_Fordern.pdf, abgerufen am 17.07.2024.
Kolodej, Christa: »Mobbing«. In: *WISO*, 2017, 40 (4), S. 71–86.
Kötter-Mathes, Stefanie: »Bildungsungleichheit im Kontext der Corona-Pandemie«. Präsentation im Rahmen der »Bildungskonferenz 2021 – Stadt und Landkreis Regensburg«, online unter: https://www.regensburg.de/fm/RBG_INTER1S_VM.a.253.de/r_upload/praesentationen-bildungskonferenz-2021.pdf, abgerufen am 14.07.2024.
Krapp, Claudia: »Kritik von Chefinnen kommt schlechter an«. In: *Forschung & Lehre*, 11.10.2019, online unter: https://www.forschung-und-lehre.de/management/kritik-von-chefinnen-kommt-schlechter-an-2209, abgerufen am 20.08.2024.
Krempkow, René: *Gleiche Chancen für alle? Konzeption und Ergebnisse eines »Migrations-Bildungstrichters«*. Frankfurt am Main 2022.
Krempkow, René: »Herausforderung Bildungschancen. Von der Grundschule bis zur Promotion«. In: *Spektrum SciLogs*, 2017, online unter: https://scilogs.spektrum.de/wissenschaftssystem/herausforderung-bildungschancen/, abgerufen am 22.07.2024.
Leffers, Jochen: »Professoren: Geistige Eliten oder Drückeberger?«. In: *manager magazin*, 19.07.2002, online unter: https://www.manager-magazin.de/unternehmen/karriere/a-205512.html, abgerufen am 15.07.2024.
Lenz, Hansrudi & Maximilian Hubmann: »Wissenschaft und Politik: Max Weber ist auch in der Corona-Krise aktuell«. In: *Forschung & Lehre*, 11.07.2020, online unter: https://www.forschung-und-lehre.de/zeitfragen/max-weber-ist-auch-in-der-corona-krise-aktuell-2934#:~:text=Weber%20postulierte%20die%20sogenannte%20Werturteilsfreiheit,445), abgerufen am 19.07.2024.
Luhmann, Niklas: *Legitimation durch Verfahren*. Frankfurt am Main 1969.
Meyen, Michael: *Cancel Culture. Wie Propaganda und Zensur Demokratie und Gesellschaft zerstören*. Berlin: 2024.
Meyen, Michael: *Wie ich meine Uni verlor. Dreißig Jahre Bildungskrieg. Bilanz eines Ostdeutschen*. Berlin 2023.
Meyen, Michael: »Die Unterwerfung der Universitäten. Ein Erfahrungsbericht

aus dem umgekehrten Totalitarismus«. In: *Tumult. Vierteljahresschrift für Konsensstörung,* Herbst 2022, S. 26–29.

Möller, Christina, Markus Gamper, Julia Reuter & Frerk Blome: »Vom Arbeiterkind zur Professur. Gesellschaftliche Relevanz, empirische Befunde und die Bedeutung biographischer Reflexionen«. In: Reuter et al. 2020, S. 9–63.

Möller, Christina: »Mythos Chancengleichheit? Soziale Herkunft und wissenschaftliche Karriere«. Vortrag am Zentrum für Promovierende und Postdocs, Universität Osnabrück, 14.02.2019, online unter: https://www.uni-osnabrueck.de/fileadmin/documents/public/4_forschung/4.3_nachwuchsfoerderung/zepros/Moeller_Mythos_Chancengleichheit_Uni_Osnabrueck_2019.pdf, abgerufen am 12.07.2024.

Möllers, Christoph: *Demokratie – Zumutungen und Versprechen.* Berlin 2009.

Münch, Richard: *Akademischer Kapitalismus. Über die politische Ökonomie der Hochschulreform.* Berlin 2011.

Neff, Benedikt: »Das grosse Unwohlsein oder: Der Gefühlsterror eifriger Aktivisten«. In: *Neue Zürcher Zeitung,* 25.08.2022, online unter: https://www.nzz.ch/feuilleton/unwohlsein-der-gefuehlsterror-fanatischer-aktivisten-ld.1699209, abgerufen am 13.07.2024.

N. N.: »›Querdenker‹ an Hochschulen. Prof. Dr. Kokolores«. In: Der *Spiegel,* 27.05.2023, S. 46–47.

Novartis: *Sexuelle Belästigung und Machtmissbrauch am Arbeitsplatz.* Basel 2001.

Pluckrose, Helen & James Lindsay: Cynical Theories. How Activist scholarship Made Everything about Race, Gender, and Identity – and Why This Harms Everybody. Durham, N. C. 2020.

Reuter, Julia, Markus Gamper, Christina Möller & Frerk Blome: *Vom Arbeiterkind zur Professur. Sozialer Aufstieg in der Wissenschaft.* Bielefeld 2020.

Rosenberg, Marshall B.: *Konflikte lösen durch Gewaltfreie Kommunikation.* Freiburg 2012.

Roth, Günter: »Lagerdenken, Herdentrieb und ›Cancel Culture‹ an Hochschulen«. In: *Einfach Kompliziert,* 27.11.2022, online unter: https://einfachkompliziert.de/cancel-culture-an-hochschulen/, abgerufen am 12.07.2024.

Sapere aude: »Jemand muss Josef K. verleumdet haben«. In: *Forschung & Lehre,* 2002, 9 (10), S. 518–523.

Sattelberger, Thomas: »Vom Missbrauch des Machtmissbrauchs«. In: *Table Research* 11.05.2023, online unter: https://table.media/research/rigorosum/der-missbrauch-des-machtmissbrauchs/, abgerufen am 17.07.2024.

Schmedding, Nina: »dbv gegen Entfernung missliebiger Bücher. ›Wir schreiben den Leuten nicht vor, was sie zu lesen haben‹«. *Cicero,* 20.09.2022, online unter: https://www.cicero.de/kultur/dbv-gegen-entfernung-missliebiger-bucher-wir-schreiben-den-leuten-nicht-vor-was-sie-zu-lesen-haben, abgerufen am 20.08.2024.

Schneider, Reto U.: »›Alte weiße Männer‹. Wie aus einer Beschreibung eine Beschimpfung wurde«. In: *Neue Zürcher Zeitung,* 31.12.2021, online unter: https://www.nzz.ch/folio/wortschoepfungen-wie-aus-einer-beschreibung-eine-beschimpfung-wurde-ld.1661609, abgerufen am 23.07.2024.

Scholz, Christian: *Generation Z. Wie sie tickt, was sie verändert und warum sie uns alle ansteckt.* Weinheim 2014.

Scholz, Christian & Volker Stein: »Überlebenskritische Fragen zur Struktur von Universitäten«. In: *Forschung & Lehre,* 2011, 18 (1), 26–28.

Schröter, Susanne: *Der neue Kulturkampf. Wie eine woke Linke Wissenschaft, Kultur und Gesellschaft bedroht.* Freiburg, Basel, Wien 2024.

Schwarz, Gerhard: *Die Heilige Ordnung der Männer. Hierarchie, Gruppendynamik und die neue Genderlogik.* Wiesbaden 2019.

Sichelschmidt, Eva: »Altersdiskriminierung – Jetzt alle gegen die alte weiße Frau!«. In: *Deutschlandfunk Kultur,* 19.03.2019, online unter: https://www.deutschlandfunkkultur.de/altersdiskriminierung-jetzt-alle-gegen-die-alte-weisse-frau-100.html, abgerufen am 12.07.2024.

Simon, Rolf-Michael: »›Jemand muss Professor S. verleumdet haben …‹. Über einen Schweizer ›Forschungsskandal‹«. In: *Forschung & Lehre,* 2011, 18 (5), S. 378–380.

Smutny, Petra: »Mobbing – rechtliche Überlegungen«. In: *WISO,* 2017, 40 (4), S. 87–104.

Statistika: »Anteil der Frauen im Universitätsbereich in Österreich nach Qualifizierungsebene und Karrierestufe im Wintersemester 2019/2020«, online unter: https://de.statista.com/statistik/daten/studie/857378/umfrage/frauen anteil-im-universitaetsbereich-in-oesterreich/, abgerufen am 15.07.2024.

Statistika: »Verteilung der Professoren an Universitäten in der Schweiz nach Geschlecht von 2004 bis 2019«, online unter: https://de.statista.com/statistik/daten/studie/308705/umfrage/professoren-an-universitaeten-in-der-schweiz-nach-geschlecht/#statisticContainer, abgerufen am 15.07.2024.

Stubbe, Ellen: Gastland Schweiz. Rechtsbrüche und Willkür statt Freizügigkeit. Stallikon 2005.

Tenorth, Hans-Elmar: »Pichts ›Bildungskatastrophe‹. Falsche Diagnose oder Anstoß zur notwendigen Modernisierung?«. In: *Die Politische Meinung,* 2017, 62 (547), S. 77–84.

Thomä, Dieter, Ulrich Schmid & Vincent Kaufmann: *Der Einfall des Lebens. Theorie als geheime Autobiographie.* München 2015.

Uhlenwinkel, Anke: »Abenteuer Verantwortung«. In: *Overton Magazin,* 04.07.2024, online unter: https://overton-magazin.de/hintergrund/wissenschaft/aben teuer-verantwortung/, abgerufen am 19.07.2024.

Weber, Max: *Wissenschaft als Beruf.* München, Leipzig 2019.

Weinert, Franz E.: *Leistungsmessungen in Schulen.* Weinheim, Basel 2001.

Werlhof, Claudia von: »Lohn ist ein ›Wert‹, Leben nicht? Auseinandersetzung mit einer ›linken‹ Frau. Eine Replik auf Ursula Beer«. In: *Prokla,* 1983, 50, S. 38–58.

Westhues, Kenneth: *Envy of excellence.* Lewiston, NY 2006.

Yeung, June Chun & Vivian Miu-Chi Lun: »Uncritical use of non-evidence-based self-help materials induces victim-blaming on the depressed«. In: *Journal of Positive Psychology,* 2020, 16 (4), S. 492–502. DOI https://doi.org/10.1080/17439760.2020.1752780.

Anmerkungen

1 Entlassung von Professoren: Ein neues Phänomen?

1 https://www.gutefrage.net/frage/professor-an-hochschulen-kuendigen, abgerufen am 25.07.2024.

2 Leffers 2002.

3 Vgl. Frenzel 1983, 1980.

4 FBW 2021.

5 *Deutschland*: Margarete von Wrangell, erste ordentliche Professorin (Pflanzenernährungslehre) an der Landwirtschaftlichen Hochschule Hohenheim, 1923. *Österreich:* Elise Richter, erste außerordentliche Professorin (Romanistik) an der Universität Wien 1921 (bis zur ersten ordentlichen Professorin vergehen weitere 35 Jahre). *Schweiz*: Lina Stern, erste außerordentliche Professorin (Physiologie) an der Universität Genf 1918 (auch hier dauert es 40 Jahre bis zur ersten ordentlichen Professorin).

6 Pressemitteilung Nr. 481 des Statischen Bundesamtes vom 15. Dezember 2023, Online: https://www.destatis.de/DE/Presse/Pressemitteilungen/2023/12/PD23_481_213.html.

7 Statistika 2020.

8 Statistika 2021.

9 Weber 1919.

10 Der Begriff »unverfügbar« wird von Möllers (2009, S. 44) genutzt, trifft aber die implizite Vorstellung von Weber recht gut.

11 Gumbrecht 2012, S. 153.

12 Vgl. Lenz & Hubmann 2020.

13 Nachzulesen etwa bei Meyen 2022 und 2023, Münch 2011, Scholz & Stein 2020.

14 Brecht 1963, S. 85.

15 Meyen 2023.

16 Vgl. zum Beispiel die Dokumentation des Netzwerks Wissenschaftsfreiheit (https://www.netzwerk-wissenschaftsfreiheit.de/dokumentation/), Schmedding 2022, Roth 2022.

17 Siehe Robin-Hood-Narrativ in Kapitel 7.

18 Egner & Uhlenwinkel 2021a.

19 In den meisten Fällen lässt sich eine Suchbewegung nach einem Grund für die Eskalation des Dienstverhältnisses feststellen. Der letztlich für die Ent-

lassung oder Degradierung genannte Grund erscheint so beliebig. Siehe hierzu Kapitel 4 und 5.

20 Egner & Uhlenwinkel 2021b.

21 Dies gilt maßgeblich für die Sozial- und Geisteswissenschaften. Wer würde einem Krebsforscher seine Forschung verbieten wollen, nur weil er selbst oder ein Familienmitglied an Krebs erkrankt ist? Dass exzellente Forschung meist sogar einen persönlichen Kern hat (warum sonst sollte man die Anstrengungen guter Forschung auf sich nehmen?) kann man nachlesen bei Thomä et al. 2015.

22 Ellard-Gray et al. 2015.

2 Der besondere Schutz der Wissenschaft

23 Auch in Österreich in Art. 17 Staatsgrundgesetz (»Die Wissenschaft und ihre Lehre ist frei«) und in der Schweiz in Art. 20 Bundesverfassung (»Die Freiheit der wissenschaftlichen Forschung und Lehre ist gewährleistet«) ist die Wissenschaftsfreiheit verfassungsrechtlich gesichert.

24 Da der Begriff Wahrheit einen der großen Kampfbegriffe in der Wissenschaft darstellt, sei noch einmal deutlich gemacht: Selbstverständlich sagen wir damit nicht, dass alles, was unangenehm ist, eine Wahrheit darstellt. Oder dass wir (oder irgendjemand) wüssten, was die Wahrheit sei. Vielmehr greifen wir hier noch einmal Gumbrechts Interpretation der weberschen Maxime der Wahrheitssuche als Kern der Wissenschaft aus dem ersten Kapitel auf.

25 Meyen 2022.

26 BVerfGE 35, 79.

27 Husung 2023.

28 Neben diesem methodischen Grund war auch eine pragmatische Überlegung entscheidend für unseren Fokus auf Professoren: Die erschreckend hohe Zahl an Fällen, die uns insbesondere in den Corona-Jahren auch aus anderen Hierarchiestufen der Hochschulen und Forschungseinrichtungen zur Kenntnis gebracht wurden, sprengte schlicht unsere Kapazitäten, da wir die Studie als freie Wissenschaftlerinnen ohne Forschungsfinanzierung betreiben.

29 Art. 5 Abs. 3 Satz 1 GG gewährleistet die Freiheitsrechte, »jedermann uneinschränkbar – also ohne Vorbehalt für gesetzgeberische Einwirkungen [...]. Die kategorische Geltungskraft eines derartigen vorbehaltlos verbürgten ›Jedermannsrechts‹ endet logischerweise dort, wo die staatliche Regelungsbefugnis beginnt« (BVerfGE 35, 79 (152)).

30 Für ein Beispiel siehe Uhlenwinkel 2024.

31 Rechtsanwalt Tobias Gall in Klöckner 2024.

32 Unter dem Stichwort »Wehrhafte Hochschule« (Gärditz 23.10.2022) sprechen manche den Hochschulleitungen aberwitzigerweise das Recht zu, die Wissenschaftlichkeit einer Aussage zu beurteilen und sich im Falle einer vermeintlich gefundenen »Pseudowissenschaft« davon zu distanzieren. Dies allein stellt bereits einen Eingriff in die Wissenschaftsfreiheit dar, die die Hochschulleitung als ureigenste Aufgabe zu schützen hat.

33 Gärditz 23.10.2022.

34 Urteil des Schleswig-Holsteinischen Verwaltungsgerichts in Sachen Patrik Baab ./. Christian-Albrechts-Universität zu Kiel vom 25.04.2023 (Az. 9 A 167/22), S. 16. Das Verwaltungsgericht griff dabei auf eine frühere Entscheidung des Bundesverfassungsgerichts zurück (BVerfGE 47, 327 (370)).

35 Wissenschaft wäre in diesem Sinne als ein Ideal zu verstehen, das, wie Ingolf Blühdorn (2015) es für demokratische Praktiken und Institutionen beschreibt, »immer schon auf etwas verwiesen [hat], was nicht real und erst noch zu verwirklichen sei« (S. 183).

36 Brodkorb 2024, S. 112.

37 Schröter 2024, S. 68.

38 Brückner 2019, S. 107.

3 Wer wird entlassen?

39 Dahrendorf 1966.

40 Bertram 2016, S. 273.

41 Der Erziehungswissenschaftler Tenorth (2017, S. 80) meint allerdings, dass die Bevölkerung selbst bereits fast zehn Jahre zuvor Bildung als Chance für den sozialen Aufstieg erkannt hatte.

42 Geißler 2008, S. 95, zitiert nach Reuter et al. 2020, S. 12.

43 Kötter-Mathes 2021.

44 Reuter et al. 2020, S. 18.

45 KMK 2006.

46 Krempkow 2017.

47 Krempkow 2022.

48 Der Sozialstatus ist einer der zentralen Begriffe der Soziologie zur Beschreibung sozialer Ungleichheit aufgrund von sozialer Herkunft und gesellschaftlicher Position. In den Sozialstatus fließen verschiedene Faktoren ein, wie Einkommen, Bildungsabschlüsse, Beruf, Vermögen und so weiter.

49 Möller 2019.

50 Beispielsweise von Ursula Beer (1983) und Claudia von Werlhof (1983).

51 Möller et al. 2020.

52 Vgl. zum Beispiel Bolz 2023; Schneider 2021.

53 Sichelschmidt 2019.

54 So kann zum Beispiel die überbordende Anzahl an neu eingeführten Meldestellen für verschiedene Formen eines vermeintlich abweichenden Verhaltens als ein Indikator für diese Haltung in der Gesellschaft verstanden werden.

55 Das Argument übertragend von Schwarz 2019.

4 Phase I: Vorwurf Führungsfehlverhalten

56 Für die Kriterien zur Aufnahme eines Falls in die Studie siehe Egner & Uhlenwinkel 2023b, S. 4.

57 Stubbe 2005, S. 30: »Gründe für meine Entlassung mussten erst mit viel Aufwand erfunden oder konstruiert werden.«

58 Vgl. Krapp 11.10.2019, Chung et al. 2016.
59 Für den Zusammenhang von Leistungsanforderungen und Bewertung siehe Egner & Uhlenwinkel 2023a.
60 Goffman 1959.
61 Egner & Uhlenwinkel 2023a.
62 Gelhard 2011, S. 15.
63 Hartmann 2013.
64 Hurrelmann & Albrecht 2014, S. 77.
65 Scholz 2014, S. 111.
66 Ebd., S. 113.
67 Gelhard 2011, S. 12.
68 Ebd., S. 147.
69 Fehrenbach 2020, S. 322.
70 Ebd., S. 324.
71 Sattelberger 2023. Dieses Mittel zur Machtnutzung ist mittlerweile im politischen Diskurs angekommen: 2023 haben die Hochschulen in Nordrhein-Westfalen gemeinsam mit der Landesregierung eine Selbstverpflichtung für ein entschlossenes Vorgehen gegen Machtmissbrauch erklärt. Daneben bilden sich Initiativen, die ähnliche Ziele verfolgen, zum Beispiel das *Netzwerk gegen Machtmissbrauch e. V.* (https://www.netzwerk-mawi.de/). Beides dient dem Ziel, Machtmittel zu konstruieren, um den vermeintlichen Machtmissbrauch von Professoren zu unterbinden.

5 Phase II: Vorwurf ideologische Unbotmäßigkeit

72 Pluckrose & Lindsay 2020.
73 Schröter 2024, S. 67.
74 Meyen 2024.
75 Schröter 2024, S. 66.
76 ebd., S. 67.
77 Neff 2022.
78 Eindrücklich zu beobachten bei der ARD-Fernsehmoderatorin Anja Kohl am 14.07.2024 im Sonntags-Stammtisch des BR. https://www.nachdenkseiten.de/?p=118142.
79 Schröter 2024, S. 68.
80 Baab 2024, S. 54.
81 https://www.kirche-und-leben.de/artikel/demo-fuer-vielfalt-vorm-petersdom-pius-gymnasium-coesfeld-setzt-zeichen.
82 Beispiel aus der Landesverfassung Bremen Art. 26 Abs. 1.
83 Landesverfassung Bremen Art. 26 Abs. 3.
84 Ebd. Abs. 1.
85 Zum Beispiel die Regionale Schule Klütz (https://www.schule-kluetz.de/unterstuetzung-fuer-die-ukraine/), die Fronhofer Realschule in Ingolstadt (https://fronhofer-realschule.de/unsere-fri-hilft-unterstuetzung-fuer-die-ukraine) oder die Freiherr-vom-Stein-Schule in Fulda (https://www.stein.schule/news/unterst%C3%BCtzung-f%C3%BCr-die-ukraine.html).

86 Die Multivision e. V., o. J.

87 https://lo-recht.lehrer-online.de/schulrecht/fall-des-monats/artikel/fa/fridays-for-future-duerfen-lernende-waehrend-des-unterrichts-demonstrieren/

88 Rahmenlehrplan Berlin-Brandenburg Teil B, Fächerübergreifende Kompetenzentwicklung, S. 31. Online https://bildungsserver.berlin-brandenburg.de/fileadmin/bbb/unterricht/rahmenlehrplaene/Rahmenlehrplanprojekt/amtliche_Fassung/Teil_B_2015_11_10_WEB.pdf.

89 Weinert 2001, S. 27 f.

90 Klein 2016.

91 Hummer 2021.

92 Was stimmen würde, wären diese Parteien tatsächlich verfassungsfeindlich.

6 Zur Rechtsstaatlichkeit der Verfahren

93 Brodkorb 2024, S. 31.

94 Vgl. Egner & Uhlenwinkel 2021b. Alle acht Prinzipien entnahmen wir Vorträgen und Diskussionen der hochschulpolitischen Tagung »Absender unbekannt. Verfahren der Wissenschaft zum Umgang mit anonymen Anschuldigungen« (20./21.02.2020, Universität Passau).

95 Im Fragebogen können die Studienteilnehmer die Beachtung der einzelnen Prinzipien in ihrem eigenen Verfahren auf einer Skala von 0 (»trifft überhaupt nicht zu«) bis 6 (»trifft voll und ganz zu«) bewerten. Wir haben die Antworten zu drei Aussagen zusammengefasst: »trifft gar nicht zu« (0, 1), »trifft teilweise zu« (2, 3, 4), »trifft voll und ganz zu« (5, 6).

96 Egner & Uhlenwinkel 2023 b.

97 Gill et al. 2018.

98 Luhmann 1969.

99 Scholz & Stein 2011, S. 26.

7 Medienframing: Von Josef K. zu Professor Kokolores

100 Kafka 1995.

101 Sapere aude 2002; Simon 2011.

102 Kolodej 2017; Smutny 2017.

103 Khoo 2010; Westhues 2006.

104 Frenzel 1983.

105 Yeung & Lun 2020.

106 Rosenberg 2012.

107 Eine der 2018 betroffenen Professorinnen berichtete aus einem Gespräch mit einer Redakteurin einer der großen deutschen Printmedien, die ihr gegenüber erwähnte, dass in der Redaktion die Maxime ausgegeben wurde, weitere »Opfer von Me-too-Fällen« zu beschaffen, verbunden mit dem Hinweis «je prominenter, desto besser«.

108 Pluckrose & Lindsay 2020; Schröter 2024.

109 Schröter 2024, S. 71.

110 Novartis 2001.
111 Gesellschaft für deutsche Sprache (2005): Woher kommt das Wort Kokclores? https://gfds.de/kokolores/.
112 Ebd.
113 Albers 2018.
114 N. N. 2023.
115 De Lapuente 2023, S. 48.
116 Baab 2024, S. 6.
117 Ebd. S. 7.
118 Ebd. S. 9.
119 Brajer 2023, S. 62.
120 Meyen 2024, S. 9.

8 Und nu?

121 Zum Zusammenhang von Bildung und Würde siehe Gwendolin Walter-Kirchhoff (https://kulturkreis-pankow.de/gwendolin-walter-kirchhoff/). Die Entwicklung der Würde des Menschen aus sich selbst heraus kann in keiner Weise durch die Bestätigung des eigenen Selbsts durch andere (was heute als Wertschätzung gefordert wird) ersetzt werden.